CRIMES SUR TOILES

ESSAI

FRÉDÉRIC AGUILLON

CRIMES
SUR
TOILES

PRÉFACE DE MARC TRÉVIDIC

© 2022 Alteractifs / La Sirène aux Yeux Verts

Éditeur : La Sirène aux Yeux Verts éditions pour Alteractifs
42 rue de Maubeuge, 75009 Paris
Impression : Books on Demand, Norderstedt, Allemagne

FRÉDÉRIC
AGUILLON
CABINET D'AVOCATS

ISBN : 978-2-38296-010-3
Dépôt légal : février 2022

PRÉFACE

Les mots enfantent des images. Les plaidoiries créent des tableaux. Le tableau est une vision d'ensemble d'une réalité née de l'imaginaire de l'artiste. Il doit se voir suffisamment à distance, dans sa globalité. De près, le tableau ne ressemble à rien. Il n'est qu'un nombre inquiétant de traits incompréhensibles et de couleurs juxtaposées formant des croûtes lunaires. Il n'est plus une œuvre d'art. Il est une recherche névrotique de la parfaite technicité. Or la maîtrise des règles de l'art ne se confond pas avec l'art. Au contraire celui-ci disparaît si celle-là ne s'efface pas pour lui laisser la place. Rien ne doit transparaître de la technique, des efforts, voire de la souffrance.

De même, la plaidoirie doit couler de source, sans rien en elle « qui pèse ou qui pose ». Elle doit entrer dans les âmes pour y planter des graines de doute ou de vérité.

Vérité ! Le mot est lâché. Mais il retombe aussitôt car, dans les prétoires, la vérité n'est pas une essence divine, pure et unique qui survolerait les débats avant de se poser délicatement dans le cœur des juges. Elle n'est pas une mais plusieurs. Chacun sort une certitude de sa toque ou de ses effets de manche. L'emportera celui qui fera croire en la sienne ou fera douter de celle des autres. La plaidoirie, en effet, n'est pas tout à fait un tableau réaliste. La peinture réaliste cherche la sincérité dans l'art qu'elle confond avec l'exactitude, alors que l'exactitude peut nuire gravement à la santé de l'une des parties. Elle ne peut pas non plus se contenter d'être figurative car la représentation du visible est réductrice quand il s'agit de sonder les cœurs et les âmes. La justice, bien souvent, doit s'efforcer de quitter le monde visible tout en restant les pieds sur terre. Elle passe son temps à s'élever et à retomber.

La plaidoirie emprunte donc à tous les genres. Elle ne doit respecter qu'une condition incontournable, la rationalité. Elle doit en effet s'appuyer sur un raisonnement et exposer des arguments, même si l'affaire présente, comme celle des « asservis » décrite dans ce livre, des aspects irrationnels.

Ce sont les raisonnements des parties et les arguments développés à leur soutien que les juges emporteront en délibéré. Ni le réquisitoire, ni aucune des plaidoiries ne seront un mensonge. Elles seront toutes vraies, à leur façon. Elles le seront toutes pour peu qu'elles soient authentiques. De toutes les vérités présentées, les juges devront en choisir une ou, à la rigueur, n'en choisir aucune et se convertir à la religion salvatrice du doute.

Ce livre nous propose simplement, sans fioritures, quelques histoires criminelles qui ont fini leur course tragique dans des salles d'audience et ont donné lieu à des plaidoiries, miroirs du raisonnement suivi par l'avocat confronté aux faits de l'espèce. La défense y apparaît comme une stratégie dont la plaidoirie marque le point final. Elle est la dernière touche de couleur qui achève le tableau et qui donne, avant le délibéré, la vision d'ensemble qui en est l'essence. Un tableau, comme une plaidoirie, se construit lentement, par couches successives, mais le dernier coup de pinceau marque sa finitude. Il doit être en harmonie avec l'ensemble de l'œuvre, comme la plaidoirie doit l'être avec le déroulement de l'audience, à l'instar de la pièce centrale d'un puzzle qui permet enfin de comprendre ce que l'on doit y voir.

Pour les juges, professionnels ou non, qui ne l'auraient pas deviné au cours des débats, la plaidoirie permet de comprendre la stratégie de l'avocat. Mais, même si le nuancier de couleurs est bien fourni, les choix fondamentaux restent limités. L'avocat peut peindre sa vérité en oubliant les vérités alternatives, dépeindre toutes les vérités pour montrer que la sienne a les couleurs les plus vives ou dépeindre les vérités des autres parties afin qu'elles perdent leur éclat.

Cette dernière option est la plus prisée quand l'avocat n'a aucune vérité à proposer et doit se résoudre à instiller le doute. Mais chacun le fait à sa manière : subtilement, en estompant avec le petit doigt le pastel des enquêteurs ou du juge d'instruction, ou alors brutalement à grands coups de chiffon de rupture.

Peindre, dépeindre ou dé-peindre.

Parfois, l'affaire possède ses propres couleurs. Un braquage avec un pantalon écossais provoque une image de clown triste qu'il faut exploiter.

Parfois, au contraire, tout est noir et il semble n'y avoir plus d'espoir : les vêtements, les cagoules, les gants, les pistolets, les parcours de vie, les souffrances endurées. Il faudra néanmoins y mettre de la couleur pour faire naître une lueur que les juges emporteront avec eux et qui, peut-être, les rendra plus cléments. Que l'avocat, au détour d'une émotion, d'un cri, d'une larme, d'un souvenir, d'un regret ou même d'un repentir, trace un trait de lumière et les juges se retireront, plus confiants dans l'avenir de l'homme en général, du prévenu ou de l'accusé en particulier ! Que les avocats ne croient cependant pas que leurs plaidoiries, aussi brillantes soient-elles, parviennent à rendre leur tableau immuable. Les couleurs qu'ils ont choisies sont fragiles quand elles sont exposées à la lumière du délibéré.

Le délibéré, surtout aux assises, révèle les faiblesses picturales de l'artiste-avocat et, dans le pire des cas, fustige son caractère apocryphe. La peinture n'est pas encore sèche sur les toiles des crimes quand le tribunal ou la cour se retirent. Si l'on gratte la croûte de peinture, des gouttes de sang perlent à la surface, car ça continuait de saigner en dessous. Les crimes, même sur toiles, ouvrent des plaies béantes qui ne cicatrisent jamais vraiment.

Marc TRÉVIDIC

Avant-propos

J'ai toujours éprouvé beaucoup de plaisir à rencontrer les artistes dans leur atelier plutôt qu'au détour de leurs expositions.

Comme pour la résolution d'un problème, le cheminement m'intéresse plus que le résultat.

C'est à l'occasion de l'une de ces visites que l'idée de ce livre a germé. De passage à l'atelier de mon ami David Daoud, peintre expressionniste dit de « l'exode », il était devenu évident qu'à l'instar de Monsieur Jourdain, je brossais également des tableaux sans le savoir.

Amateur d'art mais surtout avocat pénaliste depuis vingt ans, j'ai sillonné la France des tribunaux correctionnels et des cours d'assises pour y plaider la cause d'accusés autant que de victimes.

Si une plaidoirie s'écoute, elle doit aussi donner à voir. Agréable à l'oreille, efficace à l'œil. Corollaire inévitable du sacro-saint principe de l'oralité des débats en matière pénale, les paroles de l'avocat ont déjà gagné les cieux lorsque les juges se retirent pour délibérer et prendre leur décision. Pour cette raison, il doit encore leur rester en mémoire les images représentées par le défenseur. Elles auront rendu intelligible une situation, une action ou encore un comportement. À la condition qu'ils se les soient appropriées, les juges se rapprocheront de sa position inclinant vers celui ou celle dont il porte la voix.

Cette technique oratoire offre à la plaidoirie de gagner en performance davantage qu'en élégance. Toutefois, pour être bien menée, elle fait appel à une mobilisation sensorielle et cognitive développée chez l'orateur autant que chez son public. L'avocat comme le peintre sait que selon l'heure, le temps et la saison, un même paysage n'aura pas les mêmes couleurs. L'argument d'un jour ne sera peut-être plus valable le lendemain.

Tous les dossiers plaidés ne se prêtent pas forcément ou facilement à cet exercice qui consiste à offrir à son auditoire une représentation graphique. En particulier les dossiers d'acquittement ou de relaxe qui requièrent souvent des développements techniques sur des comptes rendus et rapports d'expertises donnent moins l'occasion de ces représentations.

Pour les besoins de la présente démonstration, certains dossiers ont été sélectionnés parmi plusieurs dizaines de procédures pénales, le plus souvent criminelles, suivies à mon cabinet tant aux côtés d'auteurs que de parties civiles.

Si elles ne paraissent pas toujours réalistes, les histoires rapportées ici sont pourtant toutes des histoires authentiques, des cas réels, des dossiers jugés en cour d'assises ou par les tribunaux correctionnels.

Elles ont toutes donné lieu à des décisions de justice devenues aujourd'hui définitives.

Aucune n'a été romancée ou enrichie de contenus sortis de l'imagination du narrateur. Les faits restitués dans ces lignes, le détail des situations et les éléments de personnalité ont été examinés et discutés lors des procès.

Ces procès se sont tenus en audience publique et ont tous fait l'objet d'une couverture médiatique plus ou moins étendue. Les comptes rendus des débats judiciaires, audiovisuels ou écrits, sont parfois cités en référence.

Chaque titre est consacré à un dossier. Il fait un récit aussi fidèle que possible des faits et des éventuels points de droit et de procédure.

Toutefois, le langage juridique constitué de termes obscurs bien souvent incompréhensibles de la part des non-initiés a été légèrement simplifié pour éclaircir le propos et fluidifier la lecture.

Nonobstant la notoriété rendue par la presse à ces affaires, les prénoms ont été changés par respect et considération envers leurs protagonistes.

Une analyse de la plaidoirie menée sous un angle graphique et pictural complète et prolonge la narration des faits.

Cette analyse réalisée à partir des notes de plaidoiries, celles-là mêmes qui ont servi à l'audience, s'évertue à restituer autant que possible le tableau brossé par l'avocat lors de sa prise de parole.

Il s'agit d'une étude du moment précis où la plaidoirie prend tout son relief, quelque part entre l'exorde et la péroraison.

Sans forcément respecter la règle des guillemets, certains morceaux de plaidoirie sont ici reproduits.

Bien entendu, il manquera toujours le grain de la voix et l'ambiance du moment. La parole de l'avocat réécrite pour ne pas dire reconstruite dans ces pages n'a pas la prétention de l'exhaustivité et de l'authenticité originelle. L'improvisation, la spontanéité des éclats de voix et les silences ne s'écrivent pas. La chronique judiciaire, aussi talentueuse soit-elle, le sait très bien.

Le supplément d'âme de ces récits tient essentiellement à la volonté de son auteur, lui-même acteur des procès, de révéler à ses lecteurs les intentions qui étaient les siennes au moment de plaider.

Parce que les plaidoiries sont par essence éphémères, elles n'ont donc été que les tableaux d'un jour. Ce sont ces tableaux qui représentent autant de crimes sur toiles que je vous invite à parcourir à travers ce livre.

Tableau I

Hold-up cartoonesque

Le 10 janvier 2003, après une course effectuée sur l'heure du déjeuner, Catherine D., employée polyvalente à La Poste d'Auvers-sur-Oise, est de retour sur son lieu de travail.

Il est treize heures lorsqu'elle stationne son véhicule Berlingo de couleur rouge devant l'agence. Catherine rentre par la porte principale réservée au public dont elle a la clef et referme à double tour.

Seule dans les locaux, elle prend rapidement son repas puis s'installe à la « compta-caisse », coin réservé comme son nom l'indique à la tenue de la comptabilité de caisse de l'entreprise publique de services postaux et financiers.

Elle y effectue quelques opérations avant de préparer les fonds qu'un client doit passer chercher vers quinze heures ; une somme de 12 200 euros exactement qu'elle a glissée dans une enveloppe laissée sur le bureau.

Elle se dirige ensuite vers le guichet pour y chercher deux fiches dans un bac et, à ce moment précis, elle entend la clef tourner dans la serrure de la porte qui sépare le bureau du couloir dit des résidents. On accède à cette porte par celle qui donne sur le petit parking derrière La Poste.

L'agence est au rez-de-chaussée d'un bâtiment situé place de la mairie dont les deux étages sont constitués d'appartements occupés par des particuliers.

Il est alors quatorze heures trente et Catherine ne se pose pas de question puisqu'il ne peut s'agir que de Françoise G., la receveuse, de retour d'une réunion à la direction. Elle entend d'ailleurs distinctement sa voix et l'imagine en train de chahuter avec une autre collègue.

Or, un individu arrivé par-derrière vient de forcer Françoise à rentrer dans l'agence tout en lui rabattant la capuche de son manteau sur la tête.

Elle crie suffisamment pour alerter Catherine qui prend peur, réalise que sa collègue est agressée et tente de fermer la porte coulissante qui donne sur l'arrière des guichets.

Trop tard ! Elle sent une résistance et fait face à deux individus grands et minces dont les visages sont dissimulés par des écharpes. Ils l'obligent à s'accroupir.

De son côté, Françoise subit le même sort avec des menaces de mort en prime « *Ferme ta gueule ou on te tue !* »

L'homme qui lui avait rabattu la capuche lui pointe un pistolet de couleur noire sur la tête. Elle sent le bout du canon faire pression sur son crâne. Nonobstant son stress, elle remarque la présence des deux autres agresseurs. Ils sont donc trois au total se dit-elle.

Son agresseur l'interroge : « *Où sont les sous ?* »

Françoise répond que l'argent se trouve dans le coffre au fond de l'agence et précise que les clefs sont dans le tiroir près de la caisse centrale. Délibérément, elle n'a pas indiqué l'emplacement du coffre-fort principal mais celui du petit coffre ne contenant que peu de valeurs.

Sous la menace, Catherine, elle, ne tente pas la moindre manœuvre de diversion. Lorsque la même question lui est posée, elle montre par un geste de la main la porte blindée qui donne sur la salle du coffre principal.

Elle s'abstient cependant de révéler que le franchissement de cette porte sans les précautions d'usage déclenche une discrète alarme sonore directement reliée à un centre de télésurveillance.

Catherine est traînée jusque devant le gros coffre bleu de marque Fichet. Là, elle programme l'ouverture du coffre non sans prévenir ses agresseurs que celui-ci est muni d'une temporisation de quinze minutes vouées précisément à dissuader tout malfaiteur.

Il en faut toutefois davantage pour faire renoncer les trois compères.

Dans l'attente, ils fouillent un peu partout mais partout un peu seulement. Ils vident le contenu des tiroirs et caisses de guichets dans un sac de sport de couleur bleue ; espèces, télécartes prépayées, recharges mobiles etc.... Ils ne remarquent pas la présence de l'enveloppe contenant les 12 200 euros d'espèces restée sur le bureau.

Puis le déverrouillage du coffre se fait entendre. Catherine tape le code sur le boîtier destiné à désactiver un dernier verrou de sécurité.

L'un des braqueurs s'accroupit et remplit son sac à dos de billets de banque déposés le matin même par les agents de la Brinks soit la somme de 34 000 euros outre une liasse piège de 200 euros. L'homme se relève, pousse doucement Catherine vers le fond en lui faisant comprendre qu'il faut qu'elle reste dedans.

La receveuse est ramenée à son tour dans la salle du coffre pour y être enfermée avec elle.

Informés par le centre de télésurveillance, les gendarmes ont d'ores et déjà déployé un imposant dispositif de bouclage et d'interception à proximité des lieux et plus largement dans tout le département.

Différentes unités sont mobilisées à différents points stratégiques.

Le concours de la section aérienne de Villacoublay est sollicité et un hélicoptère spécialement équipé se transporte rapidement sur place afin de parer à toute fuite des auteurs.

La presse croit même savoir que le GIGN est mis en pré-alerte[1].

Le périmètre de La Poste est déjà quadrillé avant même la sortie des trois comparses.

Lors de leur arrivée derrière le bâtiment, l'attention des forces de l'ordre est attirée immédiatement par un véhicule de marque ALFA ROMEO de couleur noire dont les veilleuses sont allumées et la portière conducteur entrouverte. Surtout, l'avant de la berline se trouve face à la porte de service située à l'arrière de l'agence bancaire.

Les gendarmes s'interrogent aussitôt. S'il s'agit de la voiture des braqueurs, celle-ci n'a pas été positionnée pour faciliter un départ en trombe. Ils poursuivent néanmoins leur progression le long du mur pour certains d'entre eux et à travers le parking pour d'autres, en se protégeant derrière des véhicules en stationnement.

Là, ils aperçoivent trois individus munis de sacs qui déambulent dans le hall arrière de La Poste et s'apprêtent à franchir la porte de sortie. Les gendarmes leur font sommation de se rendre mais, pris de panique, les gangsters rebroussent chemin et se volatilisent dans les locaux.

---

[1] *Le Parisien,* 17 mai 2005, « *Les braqueurs de La Poste d'Auvers devant les assises* » D. Delseny.

L'ordre est donné d'investir les lieux méthodiquement.

Les premières recherches n'amènent aucune découverte à l'exception des deux postières enfermées dans la salle du coffre. Celles-ci sont bien entendu libérées et prises en charge.

Toutes les issues du bâtiment ont été bloquées. Une nouvelle fouille minutieuse des locaux est entreprise puisqu'il semble peu probable que les trois fuyards aient pu quitter les lieux sans être vus.

C'est alors que dans la salle de tri, les gendarmes découvrent Émeric T, jeune homme de 22 ans, soigneusement dissimulé sous des sacs postaux. Il est interpellé sans résistance et placé immédiatement en garde à vue.

Les deux autres le sont peu de temps après. L'un, en s'échappant par les combles, a traversé le faux plafond. Il s'est retrouvé dans la cuisine de l'appartement du dessous dont le locataire est absent. L'autre s'est caché dans un placard de ce même logement. La fouille effectuée sur sa personne permet de découvrir les clefs du véhicule ALFA ROMEO.

Les sacs remplis de billets et de cartes téléphoniques ont, quant à eux, été abandonnés dans la fuite.

Les malheureuses victimes sont entendues par les enquêteurs et font en détail le récit de leur agression.

Elles décrivent notamment des malfaiteurs « *peu professionnels* », « *désordonnés* », « *nerveux* » qui « *chuchotaient* » entre eux et montraient des signes de « *tremblements* ».

Les descriptions vestimentaires sont plus surprenantes encore. L'un d'eux était porteur d'un pantalon à carreaux de style écossais… Un autre de gants en laine…

L'ALFA ROMEO est passée au peigne fin par des techniciens en identification criminelle.

Ils découvrent que celle-ci avait été équipée de fausses plaques d'immatriculation apposées à l'aide de boulettes de ruban adhésif…

Dans les locaux de La Poste, les enquêteurs retrouvent un pistolet factice, deux sacs à dos de couleur bleue, des chaussettes grises à carreaux, des écharpes, une bombe lacrymogène et un chargeur de pistolet.

À l'issue de l'enquête menée par le juge d'instruction, les trois comparses sont renvoyés devant la cour d'assises afin d'y être jugés pour vol avec usage ou menace d'une arme et séquestration des employées de La Poste.

C'est à ce moment qu'Émeric fait le choix de me confier la défense de ses intérêts.

Lors du procès, une peine de dix années d'emprisonnement est réclamée par l'avocat général qui avance le sang-froid et la détermination des accusés. Selon lui, il s'agit de criminels aguerris qui n'assument pas les faits et méritent d'être sévèrement sanctionnés.

Ces réquisitions tranchent un peu avec l'attitude des accusés dans le box.

L'un d'entre eux, remis en liberté sous contrôle judiciaire avant le procès, n'a pas estimé utile d'honorer la cour d'assises de sa présence. Il est donc jugé malgré sa cavale.

Aux côtés d'Émeric, Constant L. porte ostensiblement, pendant la quasi-totalité des débats, un pull coloré à grosses mailles représentant un personnage des Simpson.

*****

Lors des plaidoiries, l'objectif de la défense était de faire perdre du sérieux et de la gravité aux actes commis par les accusés.

Les éléments du dossier permettaient de « dédramatiser » une scène potentiellement dangereuse et particulièrement choquante pour les deux employées. Fort heureusement, ces dernières n'avaient subi aucune violence physique.

Il semblait important de mettre en évidence la jeunesse et l'amateurisme de ce trio de bandits.

De nombreux éléments du dossier y contribuaient.

Le tableau brossé à la cour et aux jurés présentait toutes les caractéristiques du courant Pop Art à savoir des couleurs vives accompagnant la représentation de symboles, de personnes et d'objets issus de la culture populaire.

Il était aisé de visualiser les trois brigands comme dans une bande dessinée, un *cartoon* aux couleurs primaires des toiles de Roy Lichtenstein.

Le jaune et le bleu, couleurs historiques et emblématiques de La Poste, n'y étaient pas pour rien. La charte graphique de l'entreprise également, avec son logotype de l'oiseau-flèche dessiné par l'affichiste Guy Georget en 1961.

L'accoutrement loufoque de nos artistes soulignait l'absence de professionnalisme évoqué par les victimes. Les écharpes, les gants en laine et le pantalon écossais pouvaient même faire sourire au-delà du contexte d'un vol à main armée. Les chaussettes retrouvées avaient même été utilisées en guise de moufles pour ne pas laisser de trace.

Le vocable employé par les malfaiteurs donnait l'impression d'une certaine naïveté ainsi que d'une forme d'immaturité.

Si elle n'apparaît pas saugrenue de prime abord compte tenu du contexte, la question « *où sont les sous ?* » semble davantage correspondre à la littérature enfantine qu'à une réplique de Michel Audiard dans un film de Georges Lautner.

L'arme en plastique retrouvée sur les lieux était un jouet d'enfant auquel il ne manquait que la fléchette à ventouse.

Les boulettes de scotch pour fixer les fausses plaques sur la voiture de marque italienne permettaient de souligner la dilettante avec laquelle le coup avait été préparé.

Parmi les autres négligences, l'absence de reconnaissance préalable des lieux, l'imprévoyance totale des scenarii de fuite, le maintien dans les lieux malgré le déclenchement de l'alarme s'intégraient à l'animation plus globale recherchée.

Ils avaient été affolés par le survol de l'hélicoptère au moment où ils quittaient les lieux.

Émeric avait été retrouvé sous des sacs postaux. Comme dans un dessin animé, il s'était caché au milieu des colis et des lettres pour échapper à la maréchaussée.

Le comique de situation se poursuivait dans la chute d'un autre à travers le plafond du grenier et la retraite incongrue du dernier dans une penderie.

Les références à des trios célèbres de la bande dessinée et du *cartoon* ne manquaient pas. Bien sûr il y avait Croquignol, Filochard et Ribouldingue, les fameux Pieds nickelés de Louis Forton. Dans un autre genre, Riri, Fifi et Loulou, les neveux de Donald Duck portés par les studios Disney ; ou encore, dans la culture manga, les membres de la Team Rocket, organisation criminelle fictive composée de Jessie, James et Miaouss.

En somme, ce sont trois garnements sympathiques, paresseux et malicieux que la défense donnait à voir subtilement à la cour et aux jurés.

22

Le 18 mai 2005, la cour d'assises du Val-d'Oise les condamnait tous les trois à la peine de sept années d'emprisonnement[2].

---

[2] *L'Écho – Le Régional*, 25 mai 2005, « *Sept ans de prison pour les braqueurs de La Poste* » C.N.

Tableau II

Les Asservis

Fin octobre 2006, une note de service des renseignements généraux alerte les autorités sur une possible « secte » qui sévirait en région parisienne et aux Antilles.

Sous couvert de rites vaudous, une famille résidant à Marly-la-Ville dans le Val-d'Oise exercerait une emprise spirituelle sur une centaine d'adeptes dont elle s'approprierait les âmes et les biens.

Une première surveillance menée discrètement par les gendarmes de la brigade de recherches de Montmorency confirme en partie cette information confidentielle.

Une enquête préliminaire est ouverte qui s'avère d'emblée particulièrement délicate.

En effet, les gendarmes observent l'extrême vigilance de toute la communauté et se heurtent au mutisme total des anciens disciples avec lesquels ils parviennent tant bien que mal à entrer en contact.

Différents dispositifs de surveillance sont mis en place aux abords du lieu de rassemblement sans permettre de constater autre chose que des allées et venues d'individus habillés de blanc ou de rouge ainsi que la présence d'un service d'ordre compliquant davantage la mission des enquêteurs.

L'opiniâtreté de ces derniers n'est guère récompensée par ces minimes avancées et les portes qui restent closes à chacune de leur démarche persistent à les intriguer.

Pour autant l'hermétisme et l'opacité de ces mystérieuses réunions ne signifient pas que des activités illégales et/ou des pratiques cultuelles dévoyées s'y perpétueraient.

Si les militaires de la gendarmerie ont songé à infiltrer le mouvement, ils y ont vraisemblablement renoncé en raison de la particularité des agissements occultes supposés davantage qu'en raison du risque et de la complexité de mise en œuvre d'un tel procédé.

Ainsi, deux ans d'efforts et d'investigations sont nécessaires pour réunir en tout et pour tout les témoignages de quatre personnes qui, de surcroît, n'acceptent d'être entendues que sous le statut de témoin anonyme.

Deux autres souhaitent toutefois déposer plainte à l'encontre de cette sulfureuse, énigmatique et surtout très redoutée famille J.

Leur récit est à ce point surréaliste qu'on a peine à le croire.

Elles expliquent dans un premier temps les situations de détresse (perte d'un être cher, rupture sentimentale difficile, maladie d'un enfant…) qui les amènent à consulter Meline J., voyante et « *grande prêtresse* » vaudou, dont les pouvoirs et la magie noire ont vocation à tout régler moyennant finance. Le gourou qui exerce depuis le début des années 1990 se fait appeler « *Mazacca Lacroix* » ou encore « *Maman* » par les fidèles qui ne doivent pas lui désobéir.

Elle est assistée de son époux Hubert J., fonctionnaire de police à la retraite, surnommé « *Parrain* » qui est principalement chargé de la surveillance des évènements ainsi que de ses filles jumelles Marielle et Bérénice, « *princesses en herbe* », occupées pendant les cérémonies à chanter et jouer du tam-tam.

Des affidés sont employés aux postes de secrétaire, de trésorier et d'intendant.

Le mouvement est organisé et structuré sur un mode pyramidal. Il se compose de l'assemblée des adeptes appelée « *la société* » au sein de laquelle on trouve d'abord les « *serviteurs* » exploités aux basses besognes comme le ménage et la cuisine. À un niveau intermédiaire, une catégorie de condisciples fait office de gardiens du temple. Enfin, au dernier étage prennent place les « *initiés* » également nommés « *canzo* » auxquels on accorde un peu plus de respect et de considération. Ils tiennent leur rang du rite initiatique de trois jours pendant lequel ils sont restés allongés dans le « *guevo* », dépendance du sanctuaire vaudou situé au sous-sol du domicile de la famille J. à Marly-la-Ville.

D'autres temples en Guadeloupe et en Martinique auraient été édifiés dans des propriétés appartenant à ladite famille.

Les témoins expliquent que Meline reçoit chez elle en tête-à-tête les mardis et jeudis soir. Ces consultations de voyance au prix d'une centaine d'euros débouchent le plus souvent sur un « *travail* » beaucoup plus onéreux. Ce travail se tient en présence des adeptes lors des cérémonies du samedi soir. Le règlement doit s'effectuer en espèces. Il ne saurait être dans une autre devise que le dollar américain si la grande prêtresse vient à l'exiger ainsi.

Le travail consiste en des sacrifices d'animaux, des processions dites « *aux sabres* », des prières et des chants. Le rythme complexe des tambours sacrés les accompagne pour assurer le succès du rituel.

Quelques fois dans l'année, de grands rassemblements, notamment le 25 juillet et le 1er novembre, peuvent durer deux ou trois jours sans interruption. Il est loisible aux fidèles de venir en famille y compris avec de très jeunes enfants dont la présence rassurante met en confiance les impétrants.

Selon les anciens adeptes auditionnés par les enquêteurs, il ne s'agit là que d'une vitrine d'apparence harmonieuse et protectrice derrière laquelle se dissimulent le malaise et la détresse des femmes et des hommes qui composent « *la société* ». Ces rescapés affirment avoir été confrontés à l'isolement social, aux menaces de malheurs, d'accidents et de maladies, aux humiliations publiques et parfois même aux châtiments corporels à coups de baguette ou de fouet.

Ils décrivent en détail le déroulement des cérémonies menées sous la houlette de Meline à laquelle il est fortement recommandé de verser une digne et honorable offrande (fleurs, alcools et parfums de grande marque, bijoux…) pour ne pas être montré du doigt par l'ensemble de la communauté.

L'exiguïté des lieux commande de rester debout pendant ces réunions où l'atmosphère devient vite oppressante, chaude et humide. Le décor lui-même ne laisse pas de glace. Les murs sont recouverts de peintures et autres dessins hauts en couleur représentant les différents saints célébrés par le culte.

Aux prières et chants religieux succèdent des rites vaudous au cours desquels sont utilisées des amulettes diverses et variées, des bougies et un véritable crâne humain. Questionnés sur la provenance de ce crâne, les témoins rapportent que Meline se rendrait dans les cimetières afin de déterrer des corps…

Les sacrifices d'animaux sont particulièrement impressionnants. Ceux-ci sont effectués par la grande prêtresse elle-même qui « *tord le cou des poulets* » à mains nues et « *égorge cabris et moutons avec un grand couteau en leur montant dessus à califourchon* ». Elle asperge ensuite les adeptes du sang de ces animaux pour les soigner et les protéger du diable.

Elle modifie sa voix selon le « *loa* » c'est-à-dire l'esprit qu'elle incarne et qui parle à travers elle. C'est le cas avec « *Papa Loco* », patron des guérisseurs et des plantes ou encore avec « *Papa Guede* », l'un des esprits de la mort. Meline rentre en transe et provoque des scènes d'hystérie collective où les adeptes se roulent par terre et où d'autres s'évanouissent.

Son charisme est tel que chacun craint les sorts qu'elle pourrait lui jeter. Elle a également la réputation de faire et défaire les couples par sa seule volonté.

Elle aurait « *abusé sexuellement* » de deux femmes dont l'une, réputée être son souffre-douleur, à laquelle elle a interdit d'avoir toute relation sexuelle avec son mari pendant plusieurs années.

Les plaignants et témoins dénoncent un « *lavage de cerveau* » et ne mâchent pas leurs mots : « *Madame J. a une telle influence sur ses disciples que je suis sûre que certains seraient prêts à mourir pour elle* », ou encore : « *je pense que si elle demandait aux adeptes de tuer quelqu'un, je suis certaine qu'ils le feraient* ».

Pour chacun d'entre eux les conséquences financières de leur participation à cette dérive sectaire sont désastreuses. Beaucoup se sont endettés après avoir souscrit des emprunts. Tombés en dépression plusieurs adeptes auraient même tenté de se suicider.

Avisé du résultat de ces recherches, le procureur de la République de Pontoise sollicite l'ouverture d'une information judiciaire des chefs d'abus frauduleux de l'état de faiblesse d'une personne en état de sujétion psychologique par le dirigeant de fait d'un groupement, d'actes de cruauté envers des animaux apprivoisés ou tenus en captivité ainsi que de viols sur personne vulnérable.

À la demande du magistrat instructeur, des investigations financières et patrimoniales sont réalisées par les enquêteurs qui s'adressent aux services fiscaux afin d'obtenir les déclarations et avis d'imposition des quatre membres de la famille J. Ils consultent également le fichier national des comptes bancaires et interrogent les établissements dans lesquels les suspects possèdent des comptes courants et d'épargne.

Ils procèdent à une étude minutieuse des relevés d'opérations et concluent que les recettes susceptibles d'être attribuées aux activités de la famille J. pour les seules années 2006, 2007 et 2008 s'élèvent à 396 863,00 euros en ne prenant en considération que les remises de chèques et dépôt d'espèces sur leurs comptes. En effet, l'analyse de ces mêmes relevés met en évidence une quasi-absence de dépenses de la vie courante qui reste inexpliquée sauf à supposer des paiements avec des espèces n'ayant pas transité par ces comptes.

Selon eux, les profits générés sur cette période ne semblent pas avoir été épargnés mais plutôt utilisés pour la construction d'un ensemble immobilier à Marly-la-Ville.

À ce titre, ils relèvent que la famille J. est à la tête d'un important patrimoine foncier qui ne semble pas en adéquation avec les revenus déclarés au Trésor Public.

Parmi les sept biens immobiliers identifiés par les enquêteurs, quatre d'entre eux ayant possiblement abrité la commission des infractions font l'objet d'une estimation par le service du domaine de la Direction Générale des finances publiques. Il en ressort une valeur vénale de 710 000,00 euros pour les biens sis à Marly-la-Ville, 495 700,00 euros pour la propriété avec piscine de Morne-à-l'Eau en Guadeloupe et 147 000,00 euros pour la maison située à Coulimer dans le département de l'Orne.

La société de gestion de biens « Multinational Engineering Institute » (MEI) dirigée par l'une des filles J. fait aussi l'objet de vérifications sans apporter à l'enquête d'éléments intéressants.

Le 18 mars 2009, une vaste opération mobilisant des dizaines de gendarmes est lancée simultanément en région parisienne, en Normandie et en Guadeloupe. Les quatre membres de la famille J. sont interpellés et placés en garde à vue. Ils sont ensuite mis en examen et écroués séparément dans des maisons d'arrêt d'Île-de-France.

Dans le même temps, les quarante comptes bancaires répertoriés de la famille J. font l'objet d'un blocage. Ceux de la matriarche sont les mieux approvisionnés avec un solde total d'environ 70 000,00 euros.

Des perquisitions sont menées dans les différentes propriétés qui permettent de recenser les salles dédiées aux rites vaudous ainsi que de nombreux objets de culte dont le fameux crâne humain, des crânes de brebis, des statuettes, des tambours, des bougies et des urnes. De manière plus surprenante, sont découverts un champ stérile de table opératoire, des blouses chirurgicales à usage unique, des flacons de chloroforme et de formol…

Des clichés sont pris dans chaque pièce par le service d'identification criminelle. Les penderies, armoires et buffets sont ouverts qui dévoilent une multitude de bouteilles d'huile d'olive, de rhum, de champagne et de spiritueux réputés. Les enquêteurs mettent aussi la main sur une quantité prodigieuse de bijoux (bagues, bracelets, colliers, boucles d'oreilles…), d'argent liquide pour un montant total de 3 500,00 euros essentiellement en billets de vingt et cinquante euros, divers documents de comptabilité répertoriant les adeptes et leurs participations financières. Enfin, une photographie de l'une des adeptes en sous-vêtements qui avait dénoncé des faits de viol est retrouvée dans la chambre à coucher de Meline à Marly-la-Ville.

Plusieurs centaines de documents manuscrits sont saisis et placés sous scellés aux fins d'exploitation.

De celle-ci, il ressort que le culte est soigneusement organisé par Meline jusque dans les moindres détails. Les courriers d'adeptes, lettres de vœux, grilles de tarifs, listes de courses ou « *trousseaux de pénitence* » démontrent à la fois l'emprise de la prêtresse sur ses ouailles et l'engagement financier permanent de ces derniers.

Auditionnée, Meline revendique la qualité de « *grande prêtresse animiste* » ou « *mambo* » dont elle dit avoir obtenu le diplôme après une formation en Haïti de 1987 à 1993. Ce titre la met en mesure d'interpréter la volonté des « *loas* » et résoudre les problèmes des personnes qui lui rendent visite. Elle précise être immatriculée à l'URSSAF sous la codification « *voyance-médium* », exercer cette profession en libéral, régler ses charges sociales et déclarer ses revenus. Selon elle, ses services seraient comparables à ceux d'un avocat ou d'un psychiatre. Précédemment, et pendant dix-sept ans, elle a occupé l'emploi d'agent technique à la Sécurité sociale. Elle indique avoir « *consulté les ancêtres* » en suite d'une dépression liée à l'incendie de sa maison et des problèmes médicaux consécutifs à sa grossesse. Les ancêtres lui auraient demandé de reprendre le « *hounfor* », maison des esprits ou temple dans la religion vaudou. Elle déclare être investie d'un don qui l'autorise à tirer les cartes et pratiquer des « *rituels de chamane* ».

Le crâne humain lui aurait été donné par son formateur en Haïti. « *Cela fait partie de mes outils de travail* ». Elle explique l'utiliser « *pour donner une force, une énergie à une personne* » dans le cadre d'un « *rituel de désenvoûtement* ».

En ce qui concerne les cérémonies, la description faite par les plaignants et notamment les sacrifices d'animaux et les aspersions de sang à visée purificatoire ne lui paraissent pas exagérés. Elle parle de « *fraternité* », de « *communion et d'échange* », d'« *entraide entre les initiés* » et réfute tout ascendant sur ses clients ou « *hounsis* » qu'elle ne s'interdit pourtant pas de qualifier d'« *adeptes* ». Elle reconnaît néanmoins que ceux-ci lui obéissent car « *il manque un père dans beaucoup de familles* », qu'ils ont peur d'elle parce qu'elle n'accepte pas les écarts de langage et qu'il lui arrive de faire des « *réprimandes publiques* ». Meline conteste le terme de « *secte* » mais ne craint pas de proclamer : « *je suis l'idéal de tous mes adeptes* ». Parmi ces derniers, elle admet une hiérarchie notamment entre les « *initiés* » dont la catégorie se subdivise entre les « *initiés debout* » et les « *initiés couchés* » aussi appelés « *pénitents* » qui ont un statut supérieur.

S'agissant de ses tarifs, la prêtresse annonce qu'une consultation vaut cent euros alors qu'un « *travail* » peut coûter plusieurs milliers d'euros dont le règlement s'échelonne sur une période de quelques années. Toutes les offrandes destinées aux saints sont partagées lors des fêtes et célébrations. Le bénéfice mensuel de ses activités ne s'élèverait qu'à deux mille euros.

Elle confesse que des adeptes ont effectué des travaux pour la construction ou la rénovation de biens immobiliers lui appartenant et que d'autres l'aident au quotidien pour ses tâches ménagères.

Enfin, les agressions de nature sexuelle ainsi que les relations homosexuelles avec certaines adeptes ne seraient que pure invention. Si des avances lui ont été faites, elle prétend les avoir toujours refusées.

Dans les jours et semaines qui suivent l'interpellation de la famille J., de nouveaux adeptes identifiés par les enquêteurs sont convoqués aux fins d'audition.

Carine V fait partie de ceux-là. Âgée de trente-huit ans, elle indique avoir fait la connaissance de la famille J. par l'intermédiaire de ses parents lorsqu'elle avait vingt ans. Manifestement toujours sous emprise après dix-huit années passées dans le mouvement, elle refuse de répondre à certaines questions. « *J'ai fait un travail. Je ne souhaite pas m'étaler dessus. J'ai fait un mariage. C'est personnel* ». Selon elle, il n'est pas question de communauté mais de « *fratrie* ». Dès lors, il ne peut exister de hiérarchie. Carine minimise les agissements de Meline à tel point qu'elle lui impute finalement moins d'éléments à charge que ce que celle-ci a bien voulu reconnaître. Mieux encore, elle nourrit sa défense en déclarant que « *Maman* » tient auprès d'eux « *un rôle de soutien, de conseil en prenant soin de nous* » et qu'« *elle n'a aucune influence sur les gens puisque chacun est libre de faire ce qu'il veut* ».

L'invraisemblance de sa déposition présente l'intérêt de mesurer le degré d'emprise des fidèles. Avec l'incarcération de la grande prêtresse et donc l'éloignement de celle-ci, Carine commence sans le savoir un vrai travail, celui de conscientisation. Elle retrouve progressivement son libre arbitre. Réentendue douze mois plus tard, elle dépose plainte et vide son sac.

Entrée en 1991 dans ce qu'elle nomme « *le temple* », elle n'est encore qu'étudiante et habite chez ses parents en

Normandie. La famille vit dans une grande précarité. Son père a construit de ses mains la maison dans laquelle ils demeurent sans eau ni électricité. Quelques années auparavant, le couple a fait le choix du renoncement et changé radicalement de mode de vie. Comment ne pas le concevoir lorsque le sort s'acharne et que la vie vous impose tour à tour deux deuils impossibles ? À cinq ans d'intervalle, Monsieur et Madame B. ont perdu une fille de sept ans d'une méningite foudroyante puis leur fils aîné âgé de vingt ans lors d'un accident de parachutisme. La mésentente a grandi dans le couple qui traverse un passage critique. Une amie leur fait les louanges de Meline qu'ils décident de consulter. La croyance dans les pouvoirs de cette guérisseuse, ses promesses d'espoir et l'ambiance d'apparence conviviale installe une confiance qui se meut au fil des années en une véritable vénération. Pendant presque deux décennies, tout en vivant dans le dénuement, ils contribueront à faire la richesse de la grande prêtresse en souscrivant de nombreux crédits et en participant sans aucune contrepartie à l'édification de son patrimoine immobilier.

Contrairement à ce qu'elle a pu prétendre initialement Carine a beaucoup souffert de son endoctrinement dont elle subit toujours les conséquences dramatiques. Libérée de sa peur et du joug de son gourou, elle raconte désormais sans ambages son parcours initiatique jusqu'au grade d'« *initié couché* » et son investissement sans faille au sein de la secte.

S'agissant de Meline, elle déclare : « *Elle a complètement dirigé ma vie durant tout le temps où j'étais là-bas, c'était la maîtresse de ma vie. Je me suis d'ailleurs marié car elle l'a voulu. C'est elle qui m'a fait rencontrer mon mari. J'ai perdu mes amis à cause d'elle [...]. J'étais complètement formaté sur le temple* ». Elle démontrera plus tard cette contrainte par la production d'une copie intégrale de son acte de mariage mentionnant la présence des filles jumelles de la prêtresse en qualité de témoins. Pour ce mariage, douze mille euros lui sont réclamés qu'elle doit emprunter alors que sa situation financière est déjà largement obérée.

Elle dénonce les menaces de mort et les violences endurées : « *Si je ne faisais pas ce qu'elle voulait, je subissais des séances d'humiliation. J'ai reçu des gifles de sa part et une fois un coup de poing dans le ventre* ».

Mais il y a plus grave encore comme l'interdiction qui lui était faite de recourir à des soins conventionnels pendant plusieurs années : « *Je devais subir une intervention. Madame J. ne voulait pas. Elle m'a fait retarder les choses en me disant que ce n'était pas le bon moment. Elle me disait que ce n'était pas nécessaire, que j'allais servir de cobaye, que c'était malsain. Elle n'a fait que m'effrayer. Un jour, je lui ai dit que j'allais y aller quand même. J'y suis allé, mais trop tard, c'était cancéreux* » ...

De retour au temple après une solide prise en charge médicale, elle fait l'affreux constat du dédain ostensible que lui opposent les autres membres et devine que la prêtresse les a tous ligués contre elle.

Carine ne se fait pas prier lorsqu'elle est invitée à se constituer partie civile par le juge d'instruction. Courant 2010, elle fait le choix du rédacteur de ces lignes pour défendre ses intérêts ainsi que pour engager une procédure de divorce.

Elle parvient à convaincre et à fédérer d'autres victimes désespérées de ne pas abandonner la reconquête de leur honneur et de leur dignité. Il faut dire que l'examen psychologique de ces victimes a mis en évidence, outre leur profonde sujétion mentale, leur triste désillusion. Certaines éprouvent toujours un sentiment de peur de représailles magiques contre elle-même ou leur famille. Toutes sont également marquées par l'angoisse de leur précarité financière.

Parvenu au terme de ses investigations, le juge d'instruction décide d'un non-lieu concernant les faits de viol mais considère qu'il existe suffisamment de charges pour renvoyer la famille J. devant le tribunal correctionnel aux fins de répondre du délit d'abus de faiblesse sur personnes en état de sujétion psychologique.

À l'approche du procès qui doit se tenir pendant quatre jours à compter du 16 février 2016, la chaîne de télévision TF1 diffuse un reportage sur l'affaire dans une émission intitulée « Sept à Huit »[3]. Ce sujet lacunaire et partial d'une quinzaine de minutes sert d'emblée aux membres de la famille J. pour se poser en victime d'un jugement médiatique que l'on aurait déjà fait à leur foi.

---

[3] TF1, 23 août 2015, « *Un village sous la coupe d'une prêtresse vaudou* » présenté par H. Roselmack.

À la barre du tribunal, Meline paraît sûre d'elle : « *Les gens viennent dans un temple pour me voir en tant que chef religieux parce qu'ils ont un problème. N'en déplaise aux esprits chagrins, c'est une religion, la religion de mes ancêtres, des descendants d'esclaves. Je suis leur chef* »[4].

Caricaturaux et pathétiques à la fois, des témoins de moralité cités à comparaître par la défense font une démonstration de la soumission totale et aveugle à leur grande prêtresse qui s'en trouve durement desservie.

Appelé à déposer en sa qualité de partie civile, Monsieur B. aujourd'hui veuf et âgé de quatre-vingt-six ans a répondu présent. Éblouissant de dignité, vêtu de son complet en marque de respect à l'institution judiciaire, il relate avec émotion toutes ces années sacrifiées au service exclusif de la famille J.

À l'extérieur de la salle d'audience, d'autres victimes ne se privent pas de donner des interviews ; une façon de combattre et d'exorciser sainement le réveil d'une certaine crainte révérencielle.

L'accusation par la voix du procureur de la République souligne que « *le tribunal ne juge pas une religion mais une entreprise*

---

[4] *Le Parisien*, 17 février 2016, « *Je suis prêtresse, une profession libérale* », F. Naizot.

de déstabilisation des êtres, une mécanique de spoliation » ce à quoi les quatre prévenus répondent par l'entremise de leur conseil que « *leur foi est authentique et qu'il n'y a pas d'infraction pénale* ».

*****

Du côté des parties civiles et des sept victimes que je représentais, l'erreur grossière aurait été de plaider le charlatanisme, le folklore et les dieux de pacotille. Il n'y a pas une religion supérieure aux autres et la religion vaudou est tout aussi respectable qu'une autre. D'une part, cela aurait été perçu comme une attaque portée à la liberté de croire. D'autre part, de tels propos, au demeurant méprisants et gratuits, n'auraient fait qu'alimenter la thèse des consorts J. qui soutenaient que leur procès était en réalité celui de leur croyance.

Le choix était fait de décrire le parcours typique d'une personne fragilisée par la vie qui d'abord rassurée connaissait successivement les paliers d'une régression infantilisante avec aliénation de sa personnalité puis d'un développement de son asservissement jusqu'à la perte du contrôle de sa vie.

Les éléments objectifs et matériels du dossier étaient examinés à l'aune des critères définis par la mission interministérielle de vigilance et de lutte contre les dérives sectaires (MIVILUDES). On y retrouvait sans difficulté l'adoption d'un langage propre au groupe, la modification des habitudes alimentaires et vestimentaires, le refus de soins, les situations de rupture avec la famille ou le milieu social, l'engagement exclusif pour le groupe, le dévouement total au dirigeant, l'embrigadement des enfants, les atteintes à l'intégrité physique et psychique, l'acceptation d'exigences financières de plus en plus fortes et durables…

La famille J. avait affiché pendant les débats une représentation colorée et naïve de la pratique d'un culte. Ces teintes vives et ces motifs enfantins utilisés pour la description des rites et cérémonies signifiaient pour ma part une innocence trompeuse. Il n'était pas question ici d'art naïf comme dans les œuvres du peintre Henri Rousseau aussi appelé Le Douanier Rousseau.

La réalité était bien plus sombre et torturée. Une authentique noirceur, celle de l'existence des adeptes, devait être opposée à ce frais dépaysement prétendument dépourvu d'arrière-pensée. Le contraste devait être saisissant pour soutenir la douleur et l'enfermement psychologique. Ce noir n'était pas celui lumineux des toiles de Pierre Soulages. Il n'était pas non plus un noir ébène, riche et cossu, mais un noir triste et dépourvu de profondeur.

Deux images marquaient l'auditoire lors de cette plaidoirie. Celle tout d'abord des esclaves fouettés en place publique par leur maître afin de signifier la perte de liberté et plus largement la négation de l'Homme. « *S'être servi de cette religion issue de l'esclavage pour asservir les fidèles : il est là le tour de force de Mme J. »*[5]. En outre, cette sensible évocation de la violence esclavagiste au temps des colonies calquait parfaitement avec les séances de châtiments corporels décrites par les victimes.

Une seconde image forte avait pour objectif d'illustrer le dépouillement et la ruine des adeptes. Elle puisait son inspiration dans un courrier circonstancié adressé par Carine au juge d'instruction. En arrière-plan, le bocage normand était d'abord suggéré avant que ne s'esquissent les contours d'une maison rudimentaire dans un univers gris semblablement à un dessin à la mine de plomb de Bernard Buffet. Là, comme sorti d'un chapitre des *Misérables*, on pouvait y observer Monsieur B. qui récupérait l'eau de pluie dans des bidons et devait en hiver, préalablement à sa toilette, casser la glace pour la réchauffer sur le poêle à bois.

Cette scène de genre qui figure l'extrême pauvreté ajoutait à l'exploitation honteuse de cet homme. En clair-obscur, elle dévoilait les conditions de vie luxueuses des prévenus et leur enrichissement aux dépens de petites gens. Contemplée sous une perspective humaniste, elle laissait surtout entrevoir les reflets d'une morale totalement étrangère à nos asservisseurs.

---

[5] *Le Parisien*, 19 février 2016, citant mes propos, « *Des centaines de milliers d'euros réclamés à la prêtresse* », F. N.

À l'issue du procès, les quatre membres de la famille J. étaient reconnus coupables des infractions reprochées. La grande prêtresse était condamnée à la peine de cinq années d'emprisonnement dont deux ans avec sursis. Sa peine était diminuée d'une année en appel. Une partie de son patrimoine immobilier était par ailleurs confisquée. Elle devait verser plus de 830 000 euros de dommages-intérêts aux parties civiles.

Le 5 novembre 2019, la chambre criminelle de la Cour de cassation rejetait son pourvoi en énonçant clairement que cette condamnation ne portait pas atteinte au principe de la liberté de religion et que « *nul ne peut se prévaloir de ses croyances religieuses pour s'affranchir des règles communes édictées par la loi pénale* [6] ».

---

[6] *Le Parisien*, 10 décembre 2019, « *La prêtresse vaudou définitivement condamnée* », F. N.

Tableau III

L'automobile mutilée

L e célèbre peintre Pablo Picasso n'était pas un grand passionné d'automobile. Il ne conduisait d'ailleurs pas et laissait d'autres s'en charger pour lui. Toutefois, à l'instar de l'ingénieur et polytechnicien André Citroën, il affectionnait les véhicules de la marque Hispano-Suiza dont il était client. Mais qu'aurait-il pensé de donner son nom et sa signature à une voiture ? Aurait-il tout d'abord répondu invariablement à cette question tout au long de sa vie et de ses différentes approches artistiques ? L'aurait-il lui-même dessinée bleue ou rose au début de sa carrière ? La géométrisation du cubisme ou la désarticulation du surréalisme qui l'ont séduit plus tard n'offraient-elles pas des lignes et des formes de nature à le convaincre d'un tel projet ?

Pour Fatia A., toutes ces questions étaient insolubles et n'avaient finalement aucun sens. Lorsqu'elle fait l'acquisition de son monospace Xsara Picasso, elle en apprécie certes l'esthétique mais surtout le service qu'il lui rendra en la menant chaque jour sur son lieu de travail situé à Nanterre. Demeurant avec son époux à Clichy et exerçant la profession d'agent de tri dans un centre de recyclage, son trajet et ses horaires ne sont guère facilités par les transports en commun. Malgré son fort kilométrage, le véhicule aux faibles performances est resté mécaniquement fiable. De surcroît, sa couleur gris argent cache assez bien la saleté des intempéries hivernales et bannit efficacement la chaleur en période estivale.

Kacem A., son mari, aurait pu se dire que sa puissance n'était pas suffisante mais, s'agissant des chevaux, il préfère les voir sur l'hippodrome plutôt que de les savoir sous le capot. C'est bien là d'ailleurs ce que lui reproche son épouse. Agent de production au sein d'une société spécialisée dans la fabrication de pièces d'armement et d'aéronautique, Kacem dilapide toute sa paye aux courses hippiques. Comme le ver dans le fruit, le démon du jeu s'est installé au sein du foyer sans vraiment que Fatia n'acquiesce à ce ménage à trois.

De presque vingt ans son aîné, Kacem ne lui procure plus le sentiment rassurant de la maturité mais désormais celui décourageant de l'abandon. Le couple bat de l'aile et ce d'autant que, malgré le recours à la médecine, aucun enfant ne vient raviver la flamme et embraser leur cœur. En septembre 2010, après quatre ans de mariage, Fatia décide de rompre et d'aller s'installer chez son frère à Argenteuil.

Toujours amoureux, Kacem n'accepte pas son départ. Il lui promet d'arrêter de jouer et la supplie de revenir. Au printemps 2011, la jeune femme de 27 ans se laisse convaincre de regagner le domicile conjugal. Elle règle au passage la dette de loyer que son époux a laissé courir et s'aperçoit rapidement que celui-ci ne respecte pas ses engagements. Elle retourne donc chez son frère dès avant la fin de l'été.

Seule titulaire de la carte grise, elle compte bien conserver le véhicule Xsara Picasso pour ses besoins professionnels. Mais Kacem ne l'entend pas de cette façon. Il prétexte avoir participé à son acquisition et engagé des frais d'entretien et de réparation pour revendiquer le droit de l'utiliser un week-end sur deux et de conserver un double des clefs. Fatia n'y serait pas opposée si Kacem ne lui ravissait pas régulièrement la voiture sans crier gare.

Ainsi, le samedi 24 septembre 2011, elle se voit contrainte de rentrer en train après sa journée de travail. Le véhicule a disparu du parking de l'entreprise où elle l'avait stationné le matin même. Par précaution elle effectue une déclaration de main courante au commissariat d'Argenteuil. Elle récupère non sans mal l'objet du délit, encore qu'il n'existe pas de vol entre époux, quelques jours plus tard devant l'ancien domicile du couple à Clichy. Pour éviter à l'avenir ce genre de désagrément, elle achète une barre antivol qu'elle fixe méthodiquement à chaque arrêt prolongé.

Gros-jean comme devant, Kacem est désormais à la diète automobilistique.

Le vendredi 25 novembre 2011 vers huit heures du matin, Fatia s'installe au volant de sa voiture pour aller à un rendez-vous médical. Elle met le contact et remarque aussitôt un voyant rouge sur le tableau de bord lui signalant qu'il manque du liquide de frein. Elle ne fait aucun lien avec l'appel reçu dans la nuit qui lui disait : « *Aujourd'hui est le dernier jour de ta vie* ». Elle se dit simplement qu'elle passera au garage pour faire vérifier les niveaux après sa visite chez le médecin. Elle démarre donc et enclenche la première vitesse…

À l'intersection du boulevard Héloïse et de l'avenue Charles de Gaulle, elle tente de s'arrêter au feu rouge. Elle appuie à plusieurs reprises sur la pédale de frein mais s'aperçoit qu'elle « *pompe dans le vide* ». Complètement paniquée, cherchant à éviter la collision avec le véhicule qui la précède, elle a le réflexe de tirer sur le frein à main et de se mettre au point mort. La Citroën Xsara Picasso cale et s'immobilise en pleine voie de circulation. Indemne, Fatia contacte son assureur qui dépêche une dépanneuse sur place. Le remorqueur procède à une rapide inspection qui l'amène à mentionner sur sa facture l'observation suivante : « *Tubulures freins arrière coupées suite vandalisme* ».

Fatia qui soupçonne Kacem d'être à l'origine de cet « *acte de vandalisme* » se rend au commissariat pour déposer plainte. Là, elle explique sa mésaventure du matin et le coup fil reçu dans la nuit. Elle précise que son véhicule était en parfait état de fonctionnement la veille. Elle en profite pour relater les violences dont elle aurait été victime durant la vie commune, notamment lorsque son conjoint perdait aux jeux. Aussi, Kacem la menacerait et l'insulterait régulièrement depuis son départ. Il détiendrait un sabre japonais qu'il dissimulerait sous son oreiller. Enfin, elle affirme qu'il se serait fait tirer dessus par la police il y a plus d'une dizaine d'années dans une cité de Seine-Saint-Denis. Il en aurait même conservé les articles de presse.

Alors que le fonctionnaire de police rédige le procès-verbal, Fatia reçoit inopinément un appel de Kacem. Le policier l'invite à décrocher et à activer la fonction haut-parleur du téléphone pour entendre le suspect qui, sur un ton menaçant, demande où se trouve la voiture…

Kacem est interpellé et placé en garde à vue dans l'après-midi. La perquisition menée à son domicile amène la découverte d'un couteau de chasse et d'un cutter cachés dans le salon, sous un coussin du canapé.

Entendu par les fonctionnaires de police de la sûreté urbaine, Kacem ne fait pas mystère de son expédition nocturne de la veille. Il indique : « *J'ai coupé un fil où le liquide de frein passe au niveau de l'arrière. Euh, en fait j'ai coupé deux fils à l'arrière de la voiture au niveau des roues de chaque côté de la voiture pour que le liquide de frein se vide et que le véhicule soit en panne. Je voulais qu'elle n'utilise plus le véhicule. J'ai utilisé une petite pince que j'avais ramenée de chez moi et par la suite je l'ai jetée dans la rue* ». Il explique être encore amoureux et ne pas en vouloir physiquement à sa femme qui le rend pourtant malheureux en le narguant à bord du monospace en compagnie d'autres hommes. Il souhaite qu'elle revienne. Son geste n'avait comme objectif que de générer une panne qui l'obligerait à l'appeler pour la réparer. Quant au coup de téléphone qu'il reconnaît avoir passé vers 5 heures 40, il s'agissait simplement de la prévenir de ne pas servir de la voiture.

Le procureur de la République n'est pas convaincu par ces explications d'autant qu'en possession des clefs, Kacem pouvait parfaitement provoquer une autre panne moins dangereuse. À l'issue de la mesure de garde à vue, Kacem est déféré devant un juge d'instruction. Il est mis en examen pour tentative d'assassinat sur conjoint et placé en détention provisoire. Il encourt la réclusion criminelle à perpétuité.

Kacem avait-il besoin d'un avocat familier de l'automobile voire avisé en mécanique ? Pas sûr ! Cela étant les discussions tourneraient inévitablement autour de l'acte de sabotage et des risques encourus par la conductrice. Quoi qu'il en soit, il m'écrit depuis sa cellule de la maison d'arrêt afin que je prenne la défense de ses intérêts.

La directrice de la société qui l'emploie est auditionnée sur commission rogatoire. Elle indique que Kacem est un « *bon élément* », « *pas toujours très facile de caractère* », « *précautionneux* » et « *plutôt indépendant* ». Elle apprend également aux enquêteurs qu'il parle régulièrement de ses problèmes de couple avec ses collègues et que son poste de travail n'a rien à voir avec la mécanique automobile.

En ce qui concerne cette dernière compétence, la sœur de Kacem est plus nuancée : « *Il n'est pas mécanicien mais il m'a déjà fait ma vidange et il m'a déjà réparé mon radiateur de voiture car il était en panne. Il se débrouille bien. Ce n'est pas un pro mais il se débrouille* ».

Interrogé par le juge d'instruction deux mois après les faits, Kacem déclare pour la première fois avoir sectionné d'autres câbles que les durites de frein. « *J'ai aussi coupé l'arrivée d'essence [...] j'ai tiré d'autres câbles verts et bleus pour que la voiture tombe en panne. Quand j'ai tiré sur le câble qui faisait à peu près 2 mètres 50, ça sentait l'essence. C'est là que j'ai su que c'était le câble d'essence ».*

Il reconnaît volontiers avoir un naturel jaloux et dit avoir agi sous l'effet de la colère lorsqu'il a trouvé le volant condamné par un antivol. Son but était de contraindre son épouse à prendre les transports en commun ainsi que de lui faire engager des frais de réparations ; en bref, de lui empoisonner la vie mais certainement pas de la tuer.

Le 18 février 2012, Fatia écrit au juge d'instruction pour retirer sa plainte évoquant *« des raisons personnelles »* sans autre précision. Le magistrat l'auditionne donc en qualité de témoin et non de partie civile. Elle évoque l'appel reçu à 5 heures 40 et dit avoir simplement entendu : *« Si tu ne retournes pas à la maison, c'est le dernier jour de ta vie »*. Kacem ne l'a jamais prévenu qu'il s'était attaqué au véhicule et encore moins qu'il avait coupé les freins. Elle assure qu'elle n'aurait jamais conduit la voiture au péril de sa vie si elle l'avait su.

Confrontés dans le bureau du juge le 6 avril 2012, les deux époux maintiennent leur version des faits. Kacem conteste les violences dénoncées par sa femme reconnaissant toutefois des bousculades lorsqu'il est énervé par ses pertes aux jeux. À l'occasion de cette confrontation, Fatia exhibe le jugement de divorce qu'elle a obtenu à l'étranger en diligentant la procédure quelques jours seulement après l'incarcération de son mari et sans que celui-ci soit mis en mesure de faire valoir ses droits et arguments. Apprenant la nouvelle de son divorce,

Kacem lâche : « *Est-ce que j'existe dans ce monde ?* », exprimant ainsi son sentiment de solitude accrue par l'isolement carcéral.

Le 30 mai 2012, il est remis en liberté mais assigné à résidence sous surveillance électronique.

Les investigations se poursuivent sur le véhicule qui avait été placé sous scellé. Un premier rapport déposé par l'expert en accidentologie confirme la rupture volontaire en plusieurs endroits, à l'aide d'une pince coupante, des canalisations de freins arrière gauche et droite, laissant couler le liquide et rendant de ce fait le système de freinage inutilisable. Dès lors, la pédale de frein allait au plancher sans aucune résistance. L'expert ajoute qu'« *aucune coupure n'a été relevée sur l'ensemble du système d'alimentation en carburant. L'examen du moteur a montré un fonctionnement tout à fait normal* ».

Un complément d'expertise est sollicité par la défense afin de vérifier que Kacem ne se serait pas trompé de tuyau en pensant couper « *le câble de l'essence* », câble ou tuyau en réalité non nécessaire à la bonne marche du moteur.

Mais l'expert est catégorique : « *Le nouvel examen que nous avons effectué confirme qu'aucune tuyauterie ou canalisation de liquide quelconque n'a été coupée [...] Nous n'avons relevé aucun tuyau manquant tant à l'intérieur du compartiment moteur qu'au niveau du soubassement* ».

Kacem est, quant à lui, tout aussi formel. Il a arraché des câbles sous le capot et souhaite en faire le constat en présence de l'expert et du magistrat. Ce dernier fait droit à la demande de contre-expertise et organise un déplacement dans les locaux du garage où se trouve remisé le véhicule. Cette reconstitution permet de vérifier qu'une sonde de température moteur identifiée comme étant le petit câble vert et bleu évoqué par Kacem avait bel et bien été arrachée mais pas sectionnée.

L'affaire est peu ordinaire et la presse qui s'y intéresse consacre de nouveaux développements à ces investigations. Le journaliste du *Parisien* accompagne son papier d'une photographie soustraite à la vigilance des protagonistes qui permet de distinguer clairement l'automobile objet de toutes les attentions[7].

À l'issue de l'instruction du dossier, il apparaît que le crime de tentative d'assassinat ne tient pas plus la route en cour d'assises qu'une Citroën Xsara Picasso lancée en ville sans freins.

Kacem sera donc jugé pour le délit de violences volontaires sans incapacité totale de travail avec ces circonstances que les faits ont été commis avec usage d'une arme par destination, en l'espèce le véhicule Xsara Picasso, par le conjoint de la victime et avec préméditation.

---

[7] *Le Parisien*, 25 mars 2013, « *Il aurait saboté les freins de la voiture de sa femme* ».

Après dix-huit mois d'assignation à résidence, Kacem comparaît sous contrôle judiciaire devant le tribunal correctionnel. Il ne risque plus que sept ans d'emprisonnement et cent mille euros d'amende.

Entre-temps, les époux ont dûment divorcé, faisant acter leur consentement mutuel par le juge aux affaires familiales de Paris.

À la barre, Kacem évoque la tristesse qui l'avait envahie après le départ de sa femme. Brossant son portrait, il souligne avantageusement les aspects sentimentaux de son caractère et parvient dans un premier temps à susciter l'empathie du tribunal. Invité toutefois par la présidente à s'expliquer sur son geste et ses intentions, il livre une autre facette de sa personnalité, celle plus négative consignée dans les expertises psychologiques. Égocentré, rigide et narcissique, Kacem se victimise et passe finalement très mal.

Avec cela, il croit nécessaire d'exagérer ce qu'il a coupé et arraché sur le véhicule au mépris des constatations réalisées en sa présence. L'effet est désastreux.

Fort heureusement, le fond de son discours est clair. Il n'a pas voulu s'en prendre à la personne de sa femme mais à la chose qui l'incarnait. S'il doit être reconnu coupable, c'est de destruction de bien privé et non d'atteinte à l'intégrité physique.

« Ce véhicule a cristallisé la frustration du prévenu depuis la séparation » estime le procureur dans ses réquisitions. Pour lui,

la préméditation est acquise : *« Il vient de Clichy, coupe les durites de freins avec une pince coupante dont il se débarrasse. Il ne pouvait ignorer ce qu'il faisait, ayant souvent réparé cette voiture qui était la seule porte d'entrée pour pouvoir nuire à son épouse ».*

*****

L'avocat pénaliste sait qu'il y a les clients avec lesquels il peut travailler et ceux autour desquels il doit élaborer une défense. Acquise au fil des années d'exercice, l'acuité de son analyse lui confère cette clairvoyance. Kacem, lui, appartenait davantage à la seconde catégorie qu'à la première.

En l'absence de collaboration utile et de choix partagé d'une stratégie, l'avocat s'évertue le plus souvent à rattraper dans sa chute le client qui scie inlassablement, consciemment ou non, la branche sur laquelle il est assis.

À ce sujet, il est de bon ton au sein du Barreau d'affirmer avec résignation et condescendance que le client n'est pas toujours le meilleur allié de l'avocat… L'inverse est aussi vrai ! Il n'est jamais inutile de se rappeler son propre pouvoir de nuisance, capable de causer davantage de torts au client que de bienfaits.

Alors pas question ici de suivre Kacem sur le terrain de la victimisation. D'abord parce qu'il n'avait rien d'une victime, ensuite parce que cette tentative de légitimation, aussi vraisemblable fut-elle, risquait d'agacer les magistrats. Dans la mesure du possible, la défense avait fait le choix de ne pas trop les indisposer, et ce d'autant que Kacem s'y était déjà suffisamment employé.

En l'espèce, il fallait donc composer avec la personnalité peu malléable de l'intéressé autant qu'avec la sophistication de son positionnement.

La représentation picturale qui permettrait de visualiser comme de comprendre son état d'esprit devait en outre contredire efficacement la thèse de l'accusation.

Il faut dire que cette dernière était tout aussi alambiquée que celle du prévenu. Comment Kacem, qui n'avait justement plus l'usage de la voiture, aurait-il pu se servir de celle-ci comme d'une arme ? La commission de violences au moyen d'un véhicule suppose d'en avoir la direction et le contrôle, ce que l'antivol lui avait précisément confisqué. Il y avait donc là une incohérence qu'un raisonnement logique réprouvait. Mais peut-être convenait-il justement de trouver une image libérée du contrôle de la raison pour interpréter ses agissements ; en définitive, une image issue de l'inconscient comme celles reproduites dans leurs œuvres par les peintres du courant surréaliste ?

Avec cette voiture autant qu'avec sa femme, Kacem avait eu l'impression de se heurter à un mur. La synthèse de cette situation trouvait sa plus belle expression dans le tableau intitulé « Automobiles habillées » peint en 1941 par Salvador Dali. Deux Cadillac dont l'une grise, élégamment vêtue d'une robe noire, laisse entrevoir un mur de brique rouge sur la portière avant-droite dégarnie d'une partie de sa peinture.

56

Tout était dit dans ce trompe-l'œil hautement symbolique ; tout d'abord la personnification de l'automobile habillée en femme et puis, sous le vernis, le mur qui marquait la séparation et l'absence de communication. Les couleurs elles-mêmes renvoyaient à l'assistance des messages subliminaux de tristesse et de passion évocateurs des sentiments éprouvés par le mari déchu.

Enfin, l'exemple de cette toile contribuait à faire de l'infraction commise par Kacem le geste désespéré d'un homme impuissant à reconquérir sa femme.

Par jugement en date du 24 janvier 2014, Kacem A. était condamné à deux années d'emprisonnement ferme, peine qu'il n'avait pas à effectuer, la période d'assignation à résidence valant détention provisoire[8].

_____

[8] *Le Parisien*, 25 janvier 2014, « *Deux ans ferme pour avoir saboté les freins de sa femme* », F. Naizot.

Tableau IV

Fichue bouteille !

L e lundi 6 juin 2011, vers onze heures trente, Alan B, chauffeur routier espagnol, quitte la ville de Valladolid en Espagne, pour se rendre dans la petite commune de Marines située dans le Val-d'Oise, au cœur du Parc régional du Vexin français.

À bord de son camion de type semi-remorque, il doit charger diverses marchandises dans la soirée du 7 juin sur un site de la zone d'activité du village.

Le 8 juin 2011, vers quatorze heures, son employeur, sans nouvelle de lui, contacte la société à laquelle il devait se rendre.

Le responsable de celle-ci indique que le chauffeur ne s'est pas présenté au poste de contrôle.

Le gardien a cependant remarqué la présence d'un camion stationné à proximité de l'entreprise plus tôt dans la journée.

Un employé décide de s'approcher du poids lourd. En faisant le tour, il constate que le pare-brise est fêlé et opacifié par de la suie. Il entrouvre la portière conducteur et remarque d'emblée une forte odeur de brûlé. Il referme immédiatement et fait prévenir les secours.

À leur arrivée, les pompiers brisent les deux vitres de côté et entament le déblaiement des objets entassés dans la cabine. En sortant les matelas en mousse de la couchette, ils découvrent un cadavre en partie calciné. Ils stoppent alors leurs opérations en attendant les gendarmes.

Leurs premières constatations font ressortir que le corps de l'individu est recroquevillé la tête côté passager. Ses jambes et poignets semblent avoir été entravés par du ruban adhésif transparent. Des projections de sang sont relevées sur la face intérieure du pare-brise et sur le pare-soleil.

Parmi les objets retrouvés, une bouteille de whisky vide, de marque « Clan Campbell » située sur le plancher de la cabine, devant le siège passager, comporte des traces rougeâtres séchées pouvant s'apparenter à du sang.

La description morphologique et les tatouages encore visibles sur le corps permettent d'identifier Alan.

Les gendarmes apprennent que le chauffeur vit en Espagne et ne possède pas de famille en France.

Son employeur indique qu'il travaille pour son entreprise depuis neuf mois seulement et qu'il s'agit de son premier transport à Marines.

Sa compagne, contactée par téléphone, précise qu'il est divorcé, père de deux enfants, qu'il a des difficultés avec l'alcool et peut se montrer jaloux sans pour autant être violent.

La presse a connaissance du fait divers et s'en empare. Dès le 10 juin 2011, *Le Parisien* titre sur « *Le mystérieux meurtre du routier espagnol* ». Le quotidien précise même que malgré des recherches effectuées par les gendarmes à l'aide notamment d'un détecteur de métaux, les clefs du camion demeurent introuvables et qu'il en va de même des papiers et effets de paiement du chauffeur routier.

Le camion est inspecté de fond en comble par des techniciens en combinaison blanche.

Lors de ces recherches, une cache est découverte dans la structure de la remorque qui permet, selon un agent des douanes, de transporter jusqu'à 100 kilogrammes de drogue. L'analyse toxicologique pratiquée par la suite révélera l'absence de transport récent de toute matière stupéfiante.

Quoi qu'il en soit l'ensemble routier est saisi et placé sous scellé.

Selon les données recueillies à partir du disque chronotachygraphe, il ressort qu'Alan est arrivé sur la commune de Marines le 7 juin 2011 vers dix-sept heures vingt.

L'enquête de voisinage établit que le chauffeur, mesurant un mètre soixante environ, aux cheveux longs et noirs, portant une chemise de trappeur à carreaux rouge et un jean noir, a été vu par plusieurs personnes en fin d'après-midi et dans la soirée.

Surtout, les enquêteurs apprennent qu'il s'est rendu seul au café « *La Renaissance* » où il a consommé plusieurs bières. Là, deux individus l'ont semble-t-il abordé…

Un tapissage photographique permet au barman d'identifier formellement François B., un habitant de la commune, puis un dénommé Étienne C.

Des témoins expliquent qu'après avoir lié connaissance, ils ont quitté tous les trois le bar à la fermeture vers dix-neuf heures trente et se sont rendus au domicile de François où ils ont passé un moment joyeux en compagnie de plusieurs autres personnes.

Sur des airs de rock'n'roll et notamment des tubes de Johnny Hallyday, le camionneur a enchaîné énergiquement les verres de bière, François et Étienne ceux de whisky.

Puis vers vingt-deux heures quarante-cinq, le trio s'est présenté pour dîner dans une pizzeria qui leur a refusé l'accès en raison de l'heure tardive.

Plus tard dans la soirée, deux voisins de François ont observé celui-ci avec un individu titubant correspondant au signalement du chauffeur. Aux dires de l'un d'eux, la discussion semblait tendue. Le chauffeur aurait dit « *Frappe-moi ! Frappe-moi !* » à François en l'étreignant avant que ce dernier ne l'emmène plus loin.

Vers minuit, un passant a remarqué deux personnes dans la cabine du camion dont une aux cheveux longs comme le routier espagnol.

À environ une heure, un autre témoin noctambule a observé un homme encadré par deux autres plus grands se diriger vers le centre du village en titubant. L'un d'eux aurait crié : « *Je vais porter plainte !* ».

Enfin, un dernier individu rapporte aux gendarmes que lors de la soirée du lendemain qu'il avait passée avec François, celui-ci lui aurait répété : « *J'ai fait une grosse connerie, je vais en prendre pour vingt ans* » ; « *Je suis cuit, je sais que les gendarmes vont venir et je ne sais pas ce que je vais dire* » ; « *Ils vont bien voir que je suis alcoolique et que je ne peux pas me souvenir* ».

Compte tenu de ces témoignages, les enquêteurs axent bien entendu leurs investigations sur François et Étienne.

Ils épluchent leur téléphonie et les placent sur écoute. Ils émettent également des réquisitions bancaires afin d'étudier leurs comptes et visionnent les enregistrements de la vidéosurveillance des distributeurs automatiques de billets de la commune.

Les interceptions téléphoniques des deux suspects et notamment deux messages vocaux laissés par François sur le téléphone portable d'Étienne sont particulièrement ambigus.

Les 16 et 17 juin 2011, François et Étienne sont interpellés et placés en garde à vue.

Lors de la perquisition menée au domicile de François, les enquêteurs saisissent et placent sous scellés un certain nombre d'effets vestimentaires lui appartenant. Ils mentionnent au procès-verbal qu'au cours de leurs opérations ils ont relevé la présence dans un placard de cuisine de cinq bouteilles de « Clan Campbell » vides et de douze bouteilles de whisky « Grant's » dont l'une seulement est pleine.

Ils notent également la présence d'un exemplaire du *Nouveau Détective* sur la table basse du salon, hebdomadaire que l'occupant des lieux avait récemment acheté pour savoir ce que la presse disait de l'affaire.

Lors de leur garde à vue, François et Étienne admettent leur implication dans l'homicide du chauffeur routier.

Ils expliquent sans antiphrase l'avoir rencontré fortuitement au bar « *La Renaissance* » puis l'avoir convié à prendre d'autres verres au domicile de François.

Refoulés un peu plus tard de la pizzeria, ils sont repassés chez François pour prendre une bouteille de whisky et se rendre au camion où le chauffeur disposait encore de quelques vivres qu'il aurait proposé de partager.

Là, dans la cabine, François et Étienne ont réclamé au routier espagnol la somme de quatre mille euros que celui-ci aurait reçue de son employeur pour le trajet alors qu'il n'en était rien.

Quelques coups tout d'abord lui sont donnés pour lui faire avouer où se trouve le magot puis d'autres coups pour le faire taire parce qu'il hurle et enfin, une fois la bouteille vide, des coups portés avec celle-ci pour qu'il ne dépose jamais plainte.

Plus tard, François reconnaîtra un acharnement. Il admettra également avoir dit : « *On a commencé, maintenant il faut le finir* ». Il dira également du chauffeur qu'il était un « *type sympa* » …

Tous les deux le ligotent, l'un les mains, l'autre les pieds. Afin de faire ensuite disparaître le corps et toutes traces de leur passage, François met le feu dans la couchette.

L'expertise diligentée en recherche des causes de l'incendie permettra de préciser le point d'origine du feu à savoir au niveau de la console du tableau de bord, proche du visage de la victime.

L'autopsie du corps d'Alan révèle de nombreux traumatismes crânio-encéphaliques, faciaux et cervicaux ayant provoqué la mort.

Sollicité par mon bâtonnier, j'accepte de prendre en charge la défense de François avec lequel le contact s'établit sans difficulté.

Le juge d'instruction organise une confrontation entre les deux mis en examen puis une reconstitution au milieu de la nuit pour respecter les conditions dans lesquelles les faits se sont déroulés.

À l'issue de la procédure, François et Étienne sont renvoyés devant la cour d'assises pour avoir tenté de voler une somme d'argent imaginaire au chauffeur routier avec cette circonstance que les faits ont été accompagnés de violences ayant entraîné sa mort, crime qui leur fait encourir la perpétuité.

Le casier judiciaire de François porte mention de sept condamnations quasiment toutes liées à une consommation excessive d'alcool.

Son alcoolisme remonte à ses seize ans. Il en a trente-six au jour des faits.

L'échec de ses hospitalisations en cure de sevrage et son état de santé dégradé sont évoqués au procès lors de l'examen de sa personnalité.

Sur question du président de la cour, il indique : « *J'ai tout le temps bu, au minimum une bouteille de whisky par jour. Au maximum ? Deux, trois…* ». Il précise prendre aussi parfois de la cocaïne.

Je lui demande alors de détailler une journée type de sa vie à l'époque des faits puisqu'il est désormais sevré et sobre grâce à la prison. Il répond : « *Je me lève et je vais chercher ma bouteille. Je passe ma journée à boire. Tous les matins je vomis et je continue.* »

François assume d'un bout à l'autre le déchaînement de violence, la mort du chauffeur pour ne pas être dénoncé et l'incendie de la cabine pour faire disparaître le corps.

Lors du procès devant la cour d'assises, l'avocat général requiert des peines de vingt et dix-huit ans de réclusion criminelle à l'encontre de François et Étienne, peines assorties d'un suivi sociojudiciaire d'une durée de dix années.

*****

La défense de François se devait d'évoquer la dérive alcoolique de l'accusé, de représenter sa lente et inéluctable descente aux enfers. Celle-ci serait à la fois le fil rouge et la colonne vertébrale de la plaidoirie.

Comment François en était arrivé à une telle extrémité ? Le tableau se devait d'apporter quelques éléments de réponse à la cour et aux jurés.

L'état d'ivresse de l'auteur d'une infraction pénale n'a jamais été une circonstance atténuante. Il présente au contraire un caractère aggravant du passage à l'acte. Chacun sait que l'alcool désinhibe. En buvant, le délinquant se met finalement dans la situation de commettre l'infraction.

En l'espèce, il n'était pas défendu de penser que les faits n'auraient jamais eu lieu sans l'alcool.

Mais de quel alcool ou plus exactement de quel degré d'alcoolisme parlait-on ? Il fallait ici questionner et peindre le rapport fusionnel et destructeur de François à l'alcool.

Au-delà de l'état d'ivresse dans lequel il se trouvait au moment du crime, il y avait surtout sa dépendance physique et psychique à l'alcool, pathologie dont il souffrait depuis des années. C'est à l'évidence cette dernière qui a facilité le passage à l'acte, la prise de décisions radicales et définitives à chaque étape de cette escalade de violences.

N'était-ce pas lui redonner son humanité que de peindre François victime de son alcoolisme et ce d'autant que l'examen de sa personnalité avait révélé des prédispositions héréditaires ?

Ainsi, François n'avait pas choisi d'être alcoolique et surtout, il était à bout de cette fichue bouteille autour de laquelle il menait son existence et qui le conduisait inéluctablement vers le trépas.

Le stade pathologique et morbide de sa consommation n'autorisait pas une simple représentation de l'ivresse comme l'ont fait Edgar Degas (« *Dans un café* » – 1873) et Henri de Toulouse-Lautrec (« *Buveur* » - 1882 ; « *Gueule de bois* » - 1886) avec un homme ou une femme au regard perdu, assis dans un café avec un verre et une bouteille reposant sur une table.

François reconnaissait volontiers un tempérament impulsif doublé d'un mal-être. Il avait dès l'adolescence trouvé dans l'alcool un exutoire à ce dernier. Ensuite, « *il n'avait pas cessé de s'arrêter de boire* » selon la formule du philosophe Gilles Deleuze. Il accumulait les échecs professionnels, sentimentaux et familiaux et s'isolait chaque jour un peu plus de la société.

Surtout, il perdait sa liberté et le contrôle de lui-même à l'instar de cette toile de Marc Chagall qui peignait en 1912 un buveur dont la tête se désolidarisait du corps pour s'approcher d'une bouteille penchée vers elle.

Son corps à l'agonie lui lançait des alertes inquiétantes. Ses comas éthyliques répétés lui rendaient désormais la mort familière.

François le savait parfaitement ; sa trajectoire prendrait fin au-delà de la limite du possible. Il fonçait à pleines gorgées vers l'issue fatale. La romancière Marguerite Duras ne disait-elle pas d'ailleurs que « *vivre avec l'alcool, c'est vivre avec la mort à portée de main* » ?

La rencontre des trois hommes ce soir-là dans ce débit de boissons n'avait rien de fortuite. Les alcooliques ont entre eux cette aptitude remarquable à se renifler, se retrouver. Ils ont aussi leurs lieux. Comme dans ce « *Café de nuit* » peint en 1888 par Vincent Van Gogh où les rôdeurs étaient admis, où le vin y côtoyait l'absinthe. Dans une lettre de la même année adressée à son frère Théo, l'artiste écrivait « *J'ai cherché à exprimer que le café est un endroit où l'on peut se ruiner, devenir fou, commettre des crimes…* »

La nuit des faits, François gravissait une à une les marches qui le conduiraient pour longtemps derrière les barreaux.

À chaque palier franchi, il y avait la volonté nébuleuse de ne pas être dénoncé, identifié, reconnu pour échapper à la prison. Ce faisant, il se fermait l'une après l'autre les portes d'une possible sortie et se précipitait vers ce qu'il souhaitait éviter. Finalement, François accomplissait tous les gestes nécessaires à l'avènement de ce qu'il voulait précisément empêcher.

Paradoxalement, cette démarche inconsciente allait l'arracher à son alcoolisme et lui sauver la vie.

Je plaidais alors que depuis son incarcération François était abstinent. Il avait soigné sa pancréatite et recouvré un état de santé correct. Il avait redécouvert une vie sociale en détention. Il avait même obtenu plusieurs diplômes et renoué des liens avec ses deux fils et leurs mères.

François était à nouveau vivant.

Le 17 septembre 2014, la cour d'assises du Val-d'Oise condamnait François B. et Étienne C. respectivement à vingt ans et dix-huit ans de réclusion criminelle, peines assorties d'un suivi sociojudiciaire de dix années. François échappait toutefois à la période de sûreté des deux tiers réclamée par l'avocat général.[9]

----

[9] *L'Écho – Le Régional*, 24 septembre 2014, « *Réclusion pour le meurtre atroce du routier espagnol* », R. Daveau.

Tableau V

Un géant

Fort de France, quartier de Sainte-Thérèse, mardi 1er mai 2007. Comme dans l'hexagone la fête du Travail est un jour férié sur « l'Île aux fleurs » mais la tradition du muguet y est assez peu suivie. Il faut dire que malgré la richesse de sa flore, la plante porte-bonheur n'y pousse pas naturellement.

Johnny L., martiniquais âgé de 41 ans, n'aurait pas dédaigné avoir un plus de chance en cette journée des travailleurs. Il a quitté la veille le centre pénitentiaire de Ducos où il purgeait une peine de quatre mois d'emprisonnement pour vol. Il a fêté dignement cette libération à tel point qu'il demeure encore fortement alcoolisé en ce début de matinée.

Loin des organisations syndicales qui s'apprêtent à défiler dans un cortège fourni, Johnny souhaite prolonger la fête en fumant le morceau de crack qui lui reste dans un endroit tranquille. Vers huit heures, de passage avenue Maurice Bishop, il repère une ancienne maison créole en mauvais état avec un petit jardin en friche. Le lieu semble convenir à son affaire puisqu'il est *a priori* vide de tout occupant.

Pénétrant dans la pièce principale du rez-de-chaussée, près d'un salon en cuir capitonné de type Chesterfield, il est pris de stupeur lorsqu'il découvre le cadavre d'un homme allongé sur le dos baignant dans une flaque de sang. Affolé, il se précipite vers la station-service Shell située en face et demande à la responsable d'appeler la police. Il comprend en même temps que sa liberté fraîchement retrouvée est à nouveau compromise et qu'il va lui falloir être très convaincant auprès des policiers.

Preuve de sa bonne foi et de son innocence, il s'est immédiatement présenté à la police qui l'auditionne après complet dégrisement. Sans doute par excès de confiance dans la perspicacité des enquêteurs et tout à la fois épuisé par autant d'émotions, Johnny s'endort devant un gardien de la paix désabusé qui n'a d'autre choix que de clôturer un procès-verbal vide de toute confidence. Sa garde à vue est prolongée au-delà de vingt-quatre heures et c'est malgré lui qu'il sera finalement mis hors de cause.

Selon les premières constatations du médecin légiste, le décès semble dater d'au moins 24 heures ; en témoigne notamment la rigidité du corps. Des riverains attestent avoir vu Johnny entrer dans la maison mais en ressortir quelques minutes après. Surtout, ils indiquent que la maison serait squattée par un individu de type « rasta » coiffé d'un bonnet de laine qui se déplace au moyen d'un triporteur rouge, jaune et vert. Ce véhicule qui lui sert également à son activité de marchand ambulant est retrouvé sur le trottoir. En revanche, aucune trace de son propriétaire qui a totalement disparu du quartier.

Doté d'une grande taille et d'une solide corpulence, l'homme retrouvé mort dans la maison présente des plaies sur le côté gauche du thorax et sur le crâne. Il est identifié par ses proches et notamment son fils aîné Anthony comme celui d'Ayité D., médecin phytothérapeute très connu dans tout l'archipel. Le professionnel de santé exerçait à la fois au sein de l'hôpital du Lamentin et de son cabinet libéral situé dans la même ville. Son empathie et ses solides connaissances lui avaient permis de développer une riche patientèle attachée aux vertus d'une médecine naturelle et traditionnelle par les plantes. Membre fondateur du collectif des Togolais établis aux Antilles et en Guyane, il vivait en Martinique depuis une vingtaine d'années. « *Il était apprécié de tous pour son attachement à la vie associative et son dévouement à la cause africaine en général* » ce que ne manque pas de rappeler le quotidien *France-Antilles* qui consacre ses couvertures et colonnes des jours suivants à ce « *mystérieux meurtre* »[10].

Son épouse explique qu'ils sont propriétaires de cette maison délabrée qu'ils n'habitent plus aujourd'hui.

---

[10] *France-Antilles*, 3 mai 2007, pages n° 1 et 4 ; *Frances-Antilles*, 4 mai 2007, pages n° 1 et 4.

Le samedi 28 avril, son mari lui avait indiqué qu'il devait s'y rendre afin de voir ce qu'il s'y passait, sa mère lui ayant signalé la veille que la maison était ouverte et que des personnes étaient à l'intérieur. Il voulait, selon elle, inviter les squatters à respecter le lieu et le voisinage.

Elle affirme ne pas connaître de problèmes de couple et décrit son mari comme un homme « *charmant, calme, toujours disponible pour sa famille et ses patients.* » Elle précise qu'il a travaillé toute la semaine passée à son cabinet de nutrition et diététique. Ils ont dîné ensemble le samedi 28 avril après qu'il fut rentré d'une conférence qu'il avait animée pour des étudiants. Lorsqu'elle s'est réveillée le dimanche matin aux alentours de neuf heures, il avait déjà quitté le domicile. Elle n'a plus eu de nouvelles de lui jusqu'à l'annonce de sa mort par les policiers. Elle avait essayé de le joindre en vain par téléphone mais ne s'était pas inquiétée davantage. Elle comptait justement se rendre au commissariat le 1er mai afin de signaler sa disparition.

À la recherche d'indices, les agents spécialisés de la police technique et scientifique passent la scène de crime au peigne fin. Un croc de jardin à quatre dents et une clef rudimentaire sont trouvés à côté de la porte d'entrée. Un couteau de cuisine à manche noir ne supportant aucune trace de sang est découvert sur l'un des fauteuils Chesterfield.

L'homme qui gît sur le sol est vêtu d'un caleçon à petits carreaux dans les tons gris-vert avec un lacet au niveau de la ceinture et d'un débardeur type filet de couleur bleue. Surtout, il est pieds nus et ses chaussures ne sont retrouvées ni dans la maison, ni dans le jardinet, ni dans sa voiture stationnée à proximité. Or, interrogé à ce sujet, sa femme déclare que son époux ne sortait jamais nu-pieds. Cette tenue vestimentaire contraste aussi singulièrement avec l'élégance que tout le monde lui connaissait. C'est d'ailleurs une photographie de lui en costume cravate que la presse publie pour convoquer son souvenir[11].

Sur le carrelage, deux traces de pieds nus ensanglantés sont visibles au niveau des jambes de la victime. Il s'agit de traces de pied droit dont le sang a séché. Or, seule la plante de pied gauche du cadavre est maculée de sang. Ces traces démontrent donc la présence sur place d'au moins une personne peu après le décès qui n'était pas elle-même chaussée.

Poursuivant leurs investigations au premier étage de la maison, les policiers appréhendent sur un grand bureau divers documents administratifs au nom de Mike C. Les empreintes de celui-ci sont relevées sur un emballage de téléphone portable. Sur ce même bureau de couleur blanche, ils repèrent quelques petites taches de sang. Ils en prélèvent des résidus aux fins d'analyse en laboratoire.

---

[11] *France-Antilles*, 3 mai 2007, op. cit.

La brigade criminelle est désormais saisie de l'affaire. Ses meilleurs limiers se lancent à la recherche de Mike. Ils savent l'individu être de nationalité étrangère et potentiellement susceptible de quitter l'île. Un message est adressé aux services aéroportuaires de la police aux frontières pour empêcher qu'il ne s'échappe par les airs.

Dans le même temps, les enquêteurs font un rapprochement avec un appel téléphonique reçu le dimanche 29 avril d'une dame Démétrius B. résidant à Sainte-Anne dans le sud de l'île. Selon cette femme, Mike se serait présenté à son domicile avec un certain nombre de blessures au niveau des lèvres, à l'œil gauche et au pouce. Il lui aurait dit s'être bagarré avec quelqu'un à Fort-de-France et lui aurait demandé de l'aide et de l'argent pour quitter la Martinique. Il aurait pris congé après qu'elle lui eût refusé la somme nécessaire à l'achat d'un billet de bateau. Elle fera plus tard le lien entre cette curieuse visite et l'obscur meurtre de Fort-de-France en regardant le journal télévisé.

En fonction au groupe dit des « flagrants délits » du commissariat de Fort-de-France, le brigadier Marie-Paule B. a déjà eu l'occasion de rencontrer Mike dans le cadre d'une précédente affaire. Elle a été informée par ses collègues que celui-ci était recherché.

De repos, elle circule à bord de son véhicule personnel sur le front de mer de la commune du Marin en compagnie d'amies et d'une jeune cousine lorsqu'à hauteur du bar-restaurant le « Calebasse Café » elle reconnaît distinctement Mike.

Elle alerte immédiatement sa hiérarchie qui la charge d'effectuer une discrète filature dans l'attente de renfort. L'homme est finalement interpellé non loin du port dans un cabanon de pêcheurs situé face au cimetière.

Parmi ses minces effets personnels, les policiers trouvent une bible, un passeport et un billet de bateau à destination de Castries sur l'île de Sainte-Lucie.

Située au nord de l'archipel des Grenadines et de ses îles paradisiaques, propriétés des stars et milliardaires, cette ancienne colonie britannique devenue indépendante en 1979 n'est qu'à une poignée de milles nautiques de la Martinique. L'entraide judiciaire en matière pénale et les possibilités d'extradition y sont quasi inexistantes.

Contacté téléphoniquement, le gérant de la compagnie maritime indique qu'il se souvient très bien de l'intéressé qui lui semblait « *avoir peur et vouloir quitter rapidement l'île.* » Il précise que l'homme s'est présenté à l'agence le 30 avril entre 10 h 30 et 12 h 30 arguant qu'il devait absolument quitter la Martinique le même jour pour des raisons familiales. Or, le bateau pour Sainte-Lucie était déjà parti et le prochain départ n'était pas avant le 2 mai. Il était revenu dans l'après-midi pour acheter un billet. Pressé, il n'avait même pas attendu qu'on lui rende sa monnaie.

Mike est né en 1980 à Georgetown au Guyana, petit pays d'Amérique du Sud coincé entre le Suriname, le Brésil et le Venezuela. Il arrive à l'âge de 19 ans en Martinique où il obtiendra en 2002 le certificat d'aptitude professionnelle agricole. Malgré ce diplôme, il préfère travailler comme marchand ambulant, parcourant les rues avec son triporteur pour vendre divers produits comme de l'encens, des huiles et du savon.

Pétri de religion, il assure que sa foi gouverne sa vie. Rastafari comme son père avant lui, il dit prier Dieu avec ou sans marijuana de façon régulière. Ses dreadlocks sont d'ailleurs le signe extérieur de sa profonde conviction religieuse et spirituelle. Bercé à la musique calypso et au reggae depuis sa plus tendre enfance il a participé à un clip de Mounia, ancien mannequin vedette du couturier Yves Saint Laurent.

Cependant, Mike présente une personnalité fragile avec des difficultés relationnelles et des troubles du comportement social faute d'avoir évolué dans un milieu familial suffisamment structurant. Il est parfois impulsif et connaît des difficultés à gérer ses émotions.

Auditionné en garde à vue, il demeure totalement mutique.

Lorsque l'officier de police judiciaire lui pose la question : « *Pourquoi ne répondez-vous pas aux questions posées et vous ne signez aucun des procès-verbaux ?* » Il répond : « *Je reconnais qu'une seule justice, c'est la justice divine, pas celle des hommes.* »

À la faveur du passage d'un ami au commissariat, il accepte finalement de s'exprimer.

Ainsi, il explique qu'il occupait depuis peu de temps le premier étage de la maison abandonnée de la rue Maurice Bishop. Le dimanche 29 avril vers six heures il était réveillé par un bruit sourd, celui de la porte d'entrée qu'une personne essayait de casser. Il ne quittait pas son lit et se retrouvait brusquement face à un homme qui tenait dans sa main un grand couteau d'environ quarante centimètres et lui criait « qu'est-ce que tu fous là ? ».

L'homme lui aurait ensuite porté des coups de poing au visage en le menaçant de le tuer. Dans un premier temps il ne se défendait pas et esquivait les coups. Puis ils s'empoignaient et traversaient la pièce jusqu'au palier. Là, Mike retournait le couteau à plusieurs reprises contre Ayité qui finissait par chuter dans l'escalier où ils avaient continué à se battre. Ayité perdait son couteau que Mike ramassait.

En bas de l'escalier, Ayité se serait relevé et aurait tenté de s'emparer d'une fourche avant de retomber en arrière assis par terre. Mike aurait brandi le couteau au-dessus de lui en lui criant « *Dégage !* » tandis qu'Ayité lui aurait proposé d'appeler la police tout en rampant à reculons vers la porte d'entrée. Alors qu'il essayait de se retourner pour sortir, Ayité serait tombé sans plus bouger.

Mike laissait le couteau sur place après s'être lavé les mains sous le robinet extérieur de la maison puis remontait au premier étage pour s'habiller et récupérer ses affaires avant de quitter les lieux pour se rendre à Sainte-Anne.

En fin d'audition, il précise : « *Je crois en Dieu et je sais qu'il ne faut pas faire de mal à autrui. J'avais vraiment peur du monsieur. Je ne voulais pas qu'il me blesse. Je ne savais pas que c'était le propriétaire de la maison. C'est lorsqu'il m'a dit « qu'est-ce que tu fous là ? » que j'ai commencé à comprendre.* »

Examiné par un médecin, Mike présente plusieurs lésions jugées compatibles avec une agression à mains nues et au moyen d'un objet tranchant.

Interrogé à trois reprises par le juge d'instruction, il maintient l'essentiel de ses déclarations quant au déroulement de l'altercation. Il est toutefois incapable d'expliquer rationnellement la quinzaine de plaies par arme tranchante relevées lors de l'autopsie du corps de la victime et dont le médecin légiste estime clairement qu'elles résultent de coups donnés volontairement et non d'actes de défense. Il répète seulement avoir tenu sa main et poussé le couteau vers lui.

Lorsque le juge le questionne afin de comprendre pourquoi il avait dit « *Dégage !* » au propriétaire de la maison, Mike extirpe une bible de sa poche et entame la psalmodie d'un verset de l'Apocalypse : « *Que celui qui a des oreilles entende ce que l'esprit dit aux églises [...]* ».

Doué d'un sens cinglant et sarcastique de la répartie, le magistrat lui demande alors s'il sait dans quel chapitre se trouve le commandement « *Tu ne tueras point* ».

Au terme de la procédure, Mike est renvoyé devant la cour d'assises de la Martinique afin d'y être jugé pour homicide volontaire.

Anthony D., fils aîné de la victime issu d'une première union, souhaite se constituer partie civile. Il me sollicite afin de le représenter lors du procès qui s'ouvre le 18 novembre 2010 à Fort de France.

*****

Anthony porte en réalité le même prénom héréditaire que son père, Ayité, originaire du Togo. Anthony n'est que le prénom usuel dont il s'est accommodé avec le temps. Les deux hommes ne partageaient pas que les mêmes traits de visage mais également les souvenirs pittoresques de ce petit pays d'Afrique de l'Ouest.

Pour d'impérieuses raisons personnelles et professionnelles il ne pouvait se rendre en Martinique pour assister au procès. Ainsi, m'accordait-il sa confiance pour que j'y évoque sa profonde tristesse et brosse le portrait peu ordinaire de son père.

Préalablement à mon départ pour les Antilles, Anthony me décrivait ce dernier comme un être fabuleux, bienveillant et protecteur. À l'entendre, il existait toujours comme un personnage fantastique qu'il qualifiait de « *géant* ».

L'insuffisance du dossier à restituer la mémoire d'un homme et la relation de celui-ci avec son fils avait rendu ce travail d'écoute indispensable à l'ambition d'une plaidoirie riche et pertinente.

Il s'avérait qu'Anthony n'avait vraiment connu son père qu'à l'adolescence. Délaissé très jeune par sa mère, il avait été élevé par sa grand-mère. C'est une figure mythique du père qu'avait développé Anthony pendant son enfance. Il était donc bien plus qu'un modèle de père auquel un fils admiratif pouvait s'identifier. Sa réussite sociale et professionnelle, ses nombreux voyages à travers le monde n'avaient cessé de nourrir l'imagination et la fascination d'Anthony.

Son physique imposant, son humanité sage et forte faisaient symboliquement d'Ayité un formidable colosse aux yeux de son fils.

Désuète, cette image d'Épinal n'en était pas moins attendrissante.

Il convenait toutefois de préciser que ce géant ne correspondait en rien aux géants de la mythologie grecque tels ceux représentés dans le style baroque par le peintre néerlandais Pierre Paul Rubens.

Ayité n'était pas un géant versé dans la violence et la révolte ; encore moins un Goliath belliqueux que Mike tel David aurait terrassé après s'être emparé de la lame.

Il n'était ni l'ogre Pantagruel ni le titan Atlas mais un héros tendre et généreux qui soignait et sauvait des vies par l'emploi de méthodes douces.

Les anecdotes égrenées à son sujet révélaient un géant pacifique personnifiant les forces de la nature et le pouvoir de guérison conféré par les plantes.

Il était un monument de philanthropie et de gentillesse dont j'esquissais les contours à la lumière des notes prises lors de mes échanges avec Anthony.

Au gigantisme de la place occupée par Ayité dans le cœur de son fils, un vide énorme avait suivi sa disparition le conduisant à changer de vie et à s'établir en métropole.

Le parquet réclamait la condamnation de Mike à la peine de vingt ans de réclusion criminelle.

Sa défense contestait l'intention d'homicide. Elle plaidait qu'elle n'avait pas les moyens de démontrer la légitime défense mais que l'accusation n'apportait pas la preuve non plus qu'il avait voulu tuer.

Mike C. était finalement reconnu coupable de meurtre et condamné à dix-sept années de réclusion. Sa peine était confirmée en appel deux ans plus tard. Le 16 janvier 2013, la Cour de cassation rejetait son ultime recours.

Tableau VI

La foule

À une époque où les Français se souciaient davantage de la crise du logement que du taux de chômage, où les notions d'environnement, de cadre de vie et d'aménagement du territoire demeuraient encore très floues, les pouvoirs publics décidaient la construction de grands ensembles en périphérie des métropoles.

Touché par cet urbanisme de barres et de tours, le village rural de Villiers-le-Bel situé à quatorze kilomètres au nord de Paris se transformait en cité-dortoir à partir du milieu des années 50.

Une population très hétérogène issue de cultures différentes vit aujourd'hui ici dans une relative harmonie.

Parmi les jeunes Beauvillésois deux copains inséparables, Mouhsin S. et Laramy S., âgés respectivement de 15 et 16 ans, profitent pleinement de la vie.

Le dimanche 25 novembre 2007, vers 16 heures 55, les deux adolescents réputés sans histoire circulent en ville sur une mini moto de marque Kawasaki. L'engin de cross dépourvu d'éclairage n'est pas homologué pour circuler sur la route. Il n'est pas prévu non plus pour accepter un passager. Son système de freinage est hors d'usage. De surcroît, aucun des deux jeunes ne porte de casque. Ils viennent de s'engager à vive allure dans la rue des 9 Arpents.

Quelques minutes auparavant, un véhicule de police occupé par trois fonctionnaires vient d'être requis pour rejoindre un équipage de la brigade anti-criminalité à quelques encablures. La voiture sérigraphiée, sans gyrophare ni sirène, se dirige rapidement sur place. Elle emprunte la rue Louise Michel et accélère en direction de la place de la Tolinette. Sa vitesse est excessive eu égard à la réglementation en ville.

Au croisement des deux rues la rencontre des véhicules provoque une violente collision aux conséquences dramatiques. Mouhsin et Laramy décèdent des suites de leurs blessures malgré les soins prodigués par les pompiers.

La nouvelle de leur mort se répand dans toute la ville comme une traînée de poudre.

Informé par un officier de permanence, le commissaire divisionnaire Jean-Philippe I. qui se trouve alors en repos décide de se rendre sur place sans son arme de service. Lorsqu'il arrive sur les lieux de l'accident il constate que la tension est déjà montée de façon significative. Il tente en vain d'entamer le dialogue avec des jeunes rassemblés par dizaines. Sa voiture banalisée est incendiée. Esseulé, sans possibilité de fuite, il fait l'objet d'un lynchage en règle. Les coups de barres de fer qu'il reçoit au visage lui cassent le nez et lui éclatent une arcade sourcilière. Une côte brisée lui perfore un poumon.

Il se recroqueville au sol pour se protéger avant de se relever puis d'être secouru par une jeune collègue.

La situation vient singulièrement de dégénérer et cela ne fait que commencer.

Dans les heures qui suivent, les habitants assistent impuissants aux pillages et à la destruction systématique des véhicules, des commerces et des bâtiments publics.

L'éclairage public est vandalisé afin de plonger la ville dans l'obscurité. Le commissariat de police est littéralement assiégé.

Des engins incendiaires sont lancés dans toute la ville. La bibliothèque municipale et une école maternelle sont dévastées par les flammes. Partout résonnent des détonations et le fracas des vitres qui éclatent. Le ciel est obstrué par une épaisse fumée noire qui se dégage des multiples embrasements. Villiers flambe !

Les autorités prennent les choses très au sérieux. De nombreux effectifs de maintien de l'ordre sont appelés en renfort afin de réprimer rondement le soulèvement et d'éviter ainsi toute contagion à d'autres villes du territoire.

Il faut en effet se rappeler que, deux ans auparavant, les banlieues françaises avaient connu trois semaines d'intenses émeutes à la suite de la mort de deux adolescents qui s'étaient électrocutés à Clichy-sous-Bois en tentant d'échapper à un contrôle de police.

Toutefois, lorsque naissent à Villiers les premières échauffourées, personne n'imagine qu'un seuil sera franchi qui marquera durablement les esprits.

Pour la première fois depuis l'apparition dans les années 80 du phénomène dit des « *violences urbaines* », les forces de l'ordre doivent faire face à des tirs d'arme à feu outre des embuscades soigneusement organisées.

À l'issue de deux nuits d'affrontements, les Ministères de l'Intérieur et de la Justice dénombrent cent dix-neuf policiers blessés dont quatre-vingt-un par arme à feu…

*****

Kilian A., lui, s'est tenu à distance du tout ce tumulte lors de la nuit du 25 au 26 novembre.

Âgé de dix-huit ans, Kilian habite encore chez ses parents au troisième étage d'un immeuble du quartier des Carreaux où il a pour habitude de se tenir. S'il a mis un terme à sa scolarité en seconde, il n'en est pas moins actif et ne supporte pas de vivre dans l'oisiveté. Il est inscrit auprès de l'école de la deuxième chance et travaille en intérim comme manutentionnaire.

Kilian a passé la soirée du dimanche 25 novembre à jouer à la console en compagnie d'un ami. La clameur nocturne l'a conduit à regarder les informations télévisées qui relataient les incidents sans pour autant nourrir quelconques velléités d'en découdre avec la police.

Le lendemain, il participe à la marche silencieuse organisée en hommage à Mouhsin et Laramy puis rentre chez lui aux alentours de 18 heures 30. Après le dîner, la répétition des détonations attire son attention et le pousse à regarder par la fenêtre de la cuisine.

Les vives lueurs qui parsèment le ciel à la manière d'un spectacle pyrotechnique attisent encore davantage sa curiosité. Kilian trépigne de n'être pas aux premières loges. Il prétexte auprès de son père devoir se rendre chez un ami pour y récupérer une manette de console. Il descend en bas de l'immeuble et emprunte les grands axes où il croise incidemment sa sœur qui, de retour en voiture au domicile familial, le conjure de rentrer.

Il n'est pas opposé à l'idée mais pas tout de suite. Il veut vivre l'évènement ne serait-ce que quelques minutes et se retrouve vite au milieu d'une foule anonyme composée de centaines de jeunes gens cagoulés ou capuchés.

Là, des gaz lacrymogènes sont tirés par les CRS[12] qui provoquent un mouvement soudain de la foule. D'abord happé par la vague, Kilian est ensuite emporté avec elle dans un quartier qu'il ne connaît pas. Perdu au milieu des

_____

[12] Compagnies républicaines de sécurité.

bâtiments, noyé dans la masse, il n'a plus guère le choix que de se laisser guider par le courant.

Plus loin, un convoi de CRS est repéré par les émeutiers qui se mettent à lancer des pierres de toute leur force sur les véhicules.

Kilian, lui, n'en veut pas particulièrement à la police mais par une sorte de mimétisme comportemental inconscient et incontrôlé, ramasse de gros morceaux de carrelage éparpillés sur la route et vise à son tour les vitres des fourgons.

Suivant les injonctions de la foule, il recommence un peu plus tard, avec des pierres cette fois-ci sur des CRS à pied munis de casques et de boucliers. Les projectiles qui atteignent leur cible ont pour effet immédiat de provoquer une riposte des forces de l'ordre.

Au gré des charges menées par celles-ci, la foule se divise en petits groupes.

Kilian perçoit alors sa vulnérabilité et fuit par les champs qui s'offrent à lui au bout d'une impasse.

Après avoir évité différents barrages, il regagne son domicile aux alentours de 22 heures 30.

*****

Les médias français et internationaux couvrent largement les évènements. Les chaînes américaines d'informations en continu Fox News et CNN en font même leurs choux gras.

En voyage en Chine, le président de la République Nicolas Sarkozy s'exprime pour appeler à l'apaisement. L'affaire prend une tournure politique. Les leaders de tous les camps y vont publiquement de leurs commentaires.

Si le calme est revenu à Villiers-le-Bel, la justice est instamment priée d'agir vite et bien.

Le parquet requiert l'ouverture de quatre informations judiciaires distinctes. La première doit éclaircir les circonstances de l'accident et définir d'éventuelles responsabilités. La deuxième est relative aux faits de violences sur le commissaire de police ; la troisième aux faits de tentatives de meurtre par arme à feu sur les policiers ; et enfin la quatrième à toutes les autres violences et notamment les nombreux caillassages.

Dans le cadre de la recherche des tireurs embusqués, les enquêteurs mettent en place des procédés totalement inédits qui ne laissent pas d'étonner encore aujourd'hui au regard des dérives évidentes qu'ils peuvent susciter.

Ainsi, des tracts sont distribués dans les boîtes aux lettres des riverains appelant à témoigner contre rémunération.

En outre, ces témoins éventuels se voient promettre, s'ils le souhaitent, le plus parfait anonymat pour déposer à l'encontre d'untel ou untel.

Le lundi 18 février 2008, un vaste coup de filet mobilisant un millier de policiers de services spécialisés (RAID [13], OCRB[14], Police judiciaire, CRS) est lancé afin d'appréhender trente-huit individus suspectés d'avoir participé aux émeutes. Trente-trois personnes sont arrêtées à leurs domiciles. Dix d'entre elles sont mises en examen.

*****

Kilian, lui, a repris normalement le cours de sa vie au lendemain de sa folle épopée d'un soir.

Bien sûr il a su que des jeunes avaient été interpellés pour leur participation aux émeutes. Pourquoi lui l'aurait-il été ? Il aurait fallu qu'il soit bien malchanceux ! Ils étaient tellement nombreux tous soudés les uns aux autres dans cette foule compacte à lancer des pierres. Et parmi tous ces jeunes, à l'exception peut-être de Nicolas A., un camarade du quartier des Carreaux dont il se souvient de la présence, qui aurait pu dire qu'il était là ?

Justement, Nicolas faisait partie des cibles visées au mois de février.

---

[13] Recherche, assistance, intervention, dissuasion.
[14] Office central pour la répression du banditisme.

Auditionné par les enquêteurs, il ne s'est pas limité à décrire sa participation lors des émeutes…

Le lundi 16 juin 2008 à six heures pétantes, la porte du domicile de Kilian vole en éclats pour laisser pénétrer les effectifs de la BRI[15].

Kilian est placé en garde à vue et conduit dans les locaux de la direction centrale de la police judiciaire à Versailles.

Il reconnaît les faits sans difficulté : « *Franchement, quand je suis rentré dans la foule, je me suis senti comme entraîné. J'ai jeté les pierres sur les policiers parce qu'il y avait du monde autour de moi. Seul je n'y aurais même pas pensé.* »

La foule personnifiée est omniprésente dans son récit : « *j'ai vu la foule qui courait* », « *la foule a crié* » ou encore, « *la foule a ramassé des pierres.* »

Avant d'être conduit devant le juge d'instruction, il exprime de vifs regrets et déclare : « *Je sais que ce que j'ai fait est grave mais sur le coup j'ai réfléchi comme un gamin. J'assume complètement ce que j'ai fait. […] Je suis prêt à envoyer une lettre d'excuses aux CRS et même à aller dans la caserne m'excuser auprès des CRS blessés.* »

---

[15] Brigade de recherche et d'intervention.

Il se juge à tel point fautif qu'il renonce délibérément à l'assistance d'un avocat lors de sa mise en examen. Plus tard, le choix ne lui est plus donné car son incarcération est réclamée par le procureur de la République. Je fais alors la connaissance de Kilian à qui j'évite de justesse la case prison.

Son sort n'est pas scellé pour autant puisqu'au terme de la procédure, il doit répondre avec neuf autres prévenus de la qualification de violences volontaires avec arme sur des fonctionnaires de police dans l'exercice de leurs fonctions, en réunion et avec guet-apens.

Le procès s'ouvre le 2 juillet 2009 devant le tribunal correctionnel de Pontoise qui n'avait pas connu autant d'effervescence depuis la bouleversante affaire du talc Morhange en 1979.

À la barre d'une salle d'audience pleine à craquer, les policiers relatent les deux nuits d'émeutes. « *Je n'ai jamais été confronté à une telle violence* » raconte Gilbert S. qui commandait les hommes de la CRS 43, encerclés après avoir été, selon lui, attirés dans un guet-apens. « *Des vagues de jeunes venaient au contact. Nous avons essuyé des tirs d'arme à feu, des feux d'artifice, des projectiles. Il y avait des corps à corps. Des jeunes tentaient d'extraire des policiers pour les amener dans la foule et les lyncher. Plusieurs fonctionnaires ont été touchés par des tirs de fusil de chasse, tirés à dix mètres. À deux reprises, mon unité a été sur le point d'être submergée. Nous étions trente-cinq face à deux cent cinquante émeutiers. Sans l'arrivée des renforts, je n'ose pas imaginer comment cela se serait terminé.* »

Il est très souvent question des coups de feu tirés sur les policiers.

La défense, de son côté, doit constamment dénoncer ces amalgames et rappeler qu'il s'agit là du procès des lanceurs de cailloux et non celui des tireurs qui interviendra plus tard devant la cour d'assises.

Dans un réquisitoire implacable, le procureur de la République balaye d'un revers de manche l'enquête sur la collision qui avait mis le feu aux poudres. Rappelant la violence des faits, il évoque une *« véritable guérilla urbaine »* et ne craint pas d'effectuer un parallèle avec « *la situation en Afghanistan* ».

Contre les dix prévenus qui comparaissent libres sous contrôle judiciaire, il demande au tribunal de prononcer des peines allant de douze mois « *à assortir dans une très large mesure d'un sursis* » pour Kilian, le seul à avoir un casier vierge, à trois ans d'emprisonnement ferme avec mandat de dépôt pour ceux en état de récidive[16].

*****

---

[16] *Le Parisien*, 4 juillet 2009, F.N. ; *Le Monde*, 5/6 juillet 2009, « *Des réquisitions modérées contre les émeutiers de Villiers le Bel* », L. Bronner.

C'est en quelque sorte *Guernica* que l'accusation avait donné à voir ; un tableau en noir et blanc sans grandes nuances de gris, une toile tragique et puissante faite de confusion, de désolation et de chaos.

Il fallait trouver d'autres lignes de force à lui opposer et à proposer au tribunal de retenir. La plaidoirie se devait d'être colorée, concise et percutante. D'une manière générale, pour des raisons qui n'ont rien à voir avec le dérèglement climatique, les plaidoiries fleuves n'ont plus cours aujourd'hui dans les prétoires. Ici, comme dans bien d'autres dossiers, je faisais mien l'adage de l'empereur Napoléon Bonaparte selon lequel « un bon croquis vaut mieux qu'un long discours ». Ceci était d'autant plus justifié qu'une dizaine d'avocats plaiderait successivement en défense. Qu'est-ce que le tribunal en retiendrait finalement ?

Un simple coup d'œil devait permettre de visualiser la dynamique du prévenu dans une dimension spatiale et temporelle claire sans recourir précisément aux horaires et noms de rues.

En adéquation parfaite avec ses déclarations, la défense de Kilian était largement inspirée des travaux du docteur Gustave Le Bon sur la *Psychologie des foules*[17].

Il était évident qu'à travers son récit la foule avait joué un rôle déterminant dans son passage à l'acte. D'abord étreint par un phénomène de contagion, il éprouvait ensuite un sentiment d'irresponsabilité qui le conduisait à accomplir des actes qu'il n'aurait jamais accomplis seul. La foule ne réfléchit pas, elle agit. Voilà l'explication principale au comportement irraisonné de Kilian ! Sa personnalité s'était effacée pour laisser place aux gesticulations d'un automate.

La foule avait concurremment déshumanisé Kilian et pris dans son récit les attributs d'un personnage réel à part entière.

Notre foule exaltée n'avait rien du romantisme à la façon d'Eugène Delacroix mais plus de l'art abstrait ou urbain (*street art*) dans le style de Keith Haring.

Reconnaissables entre toutes, les toiles de Haring se caractérisent par une répétition sans fin de figures et symboles cernés de noir et souvent remplies de couleurs vives. Leur graphisme relativement simple donne néanmoins une impression de mouvement.

---

[17] Gustave Le Bon, *Psychologie des foules*, 1895.

Dans l'œuvre de l'artiste, les nombreuses scènes de foule se composent d'une silhouette humaine reproduite par superposition, juxtaposition ou enchevêtrement jusqu'à créer un espace souvent complexe et labyrinthique.

La ressemblance des personnages rend la foule anonyme. Il serait impossible dans cet espace saturé de retrouver le personnage « *Charlie* » comme dans la célèbre série de livres-jeux britannique.

Cette représentation de la foule contribuait ici à démontrer comment, noyé dans cet agrégat, Kilian avait à la fois adopté un comportement mimétique, perdu son individualité et cru ensuite qu'il ne pourrait être identifié.

La modernité de l'image ainsi que l'esprit activiste de l'artiste s'accommodaient parfaitement de l'effet recherché.

Lors du délibéré, le vendredi 17 juillet 2009, le tribunal prononçait des peines allant de douze mois à trois ans d'emprisonnement ferme et ordonnait l'incarcération immédiate de huit des dix prévenus[18]. Kilian A., quant à lui, sortait libre du palais de justice. En échappant à la foule des journalistes, il promettait qu'on ne l'y prendrait plus.

---

[18] France 2, Journal de 20 heures, émission du 17 juillet 2009 présentée par C. Chazal.

Tableau VII

Un volcan

Le 7 mars 2001, la police de Saint-Germain-en-Laye dans les Yvelines était appelée pour se rendre à la résidence pour personnes âgées « Le Saint Germain » où des faits de viol avec arme auraient été commis au préjudice d'une femme de quarante-cinq ans, Mme Bertille M., assistante de direction au sein de cette structure.

Sur place, les fonctionnaires de police rencontraient la victime, manifestement traumatisée, qui leur déclarait avoir été violée par Jean D., intérimaire de dix-neuf ans embauché comme serveur dans le restaurant de la résidence et qui devait quitter son emploi le jour même.

Il ressortait des premières investigations que celui-ci avait attiré la victime au fond d'un couloir desservant les caves situées au deuxième sous-sol où il était impossible d'entendre le moindre cri. En effet, ce couloir était isolé de la trémie de l'escalier permettant d'y accéder par trois portes coupe-feu dotées d'un système de fermeture automatique assurant une isolation phonique quasi parfaite des lieux.

Jean avait pris la fuite aussitôt après les faits laissant derrière lui le couteau provenant des cuisines de la résidence dont il avait fait usage lors de l'agression.

Bertille relatait aux policiers les circonstances de ce qu'elle avait enduré. Elle se trouvait au premier sous-sol à se brosser les dents après le déjeuner lorsqu'elle entendait Jean qui l'appelait du second sous-sol, lui demandant de descendre car, disait-il, il avait quelque chose à lui montrer.

Elle le rejoignait alors sans se méfier. Là, il la saisissait par le cou et, lui plaçant un couteau sous la gorge, l'entraînait dans le couloir desservant les caves. Il l'obligeait d'abord à l'embrasser puis la frappant à coups de pied, il la projetait au sol et lui arrachait son collant et sa culotte. Il ouvrait ensuite sa braguette, sortait son sexe en érection et exigeait qu'elle lui fasse une fellation. Comme elle s'y refusait, il lui donnait des coups de poing au visage. Puis, il la contraignait à s'agenouiller en la tirant par les cheveux. Étant parvenu à lui faire ouvrir la bouche il y introduisait son sexe. Il la plaquait ensuite au sol et la pénétrait avec force dans le vagin en dépit de sa résistance.

Enfin, après l'avoir une nouvelle fois frappée, Jean prenait sa main et la plaçait sur son sexe en exigeant qu'elle le masturbe jusqu'à éjaculation.

Ayant remonté son pantalon, il la menaçait de mort si elle quittait les lieux trop tôt et le dénonçait.

Il était arrêté le 13 mars suivant soit une semaine plus tard, à la suite d'une plainte déposée par une jeune fille venue se réfugier au commissariat de Deuil-la-Barre dans le Val-d'Oise parce que l'intéressé la suivait depuis sa descente du train…

Jean était interrogé à de nombreuses reprises par les enquêteurs et le juge d'instruction sans que personne ne parvienne à lui soutirer grand-chose sur les faits reprochés. Invité à s'expliquer sur sa fuite dans les minutes ayant suivi les faits ainsi que sur l'identification de son ADN réalisée à partir des prélèvements effectués dans le vagin de la victime, il se contentait d'affirmer : « *Je ne nie pas les faits mais je ne veux pas m'expliquer* ».

Incarcéré à la maison d'arrêt de Bois-d'Arcy puis à celle d'Osny, il refusait même dans un premier temps de répondre tant aux experts psychiatre et psychologue commis par la juge d'instruction qu'aux enquêteurs de personnalité ou aux travailleurs sociaux.

Le 3 février 2004, la cour d'assises de Versailles condamnait Jean D. à la peine de treize années de réclusion criminelle et dix ans de suivi sociojudiciaire pour le viol avec arme de Bertille M.

Il acceptait cette sanction qui constituait à vrai dire le point culminant d'une inquiétante escalade.

En effet, Jean avait déjà fait l'objet d'une condamnation à deux mois d'emprisonnement avec sursis pour une exhibition sexuelle commise le 13 décembre 1999 et dix mois d'emprisonnement ferme pour une agression sexuelle ayant entraîné des blessures commises le 2 mars 2000.

*****

Depuis son procès aux assises, Jean attend à la maison d'arrêt du Val-d'Oise un prochain transfert vers un centre de détention en province où il pourra bénéficier d'une meilleure prise en charge de sa problématique psycho-sexuelle.

Pour éviter d'être rejeté voire molesté par ses codétenus, il reste particulièrement taisant sur les raisons de son incarcération. Il a même interrompu sa psychothérapie et son traitement médicamenteux afin de ne pas éveiller les soupçons. Il sort quotidiennement en promenade, suit des formations et travaille pour cantiner son tabac et d'autres produits de première nécessité.

Réputé calme et respectueux, il grappille les remises de peines et s'autorise d'ores et déjà à envisager l'aménagement de sa condamnation hors des murs. Jean s'est fondu dans l'univers carcéral dont il maîtrise désormais les arcanes et la marche nébuleuse. Il entretient en outre d'excellents rapports avec les gardiens qui trouvent en lui un garçon sympathique.

Lidia V ne dirait pas le contraire. Après divers petits emplois et un échec au concours de police elle a rejoint l'école nationale de l'administration pénitentiaire. Âgée de trente-quatre ans et originaire du nord de la France, elle a quitté sa région natale pour prendre son premier poste de surveillante à la prison d'Osny il y a huit mois.

Affectée au bâtiment F2 ce mardi 3 août 2004, elle a la charge dès sept heures de faire l'appel des détenus c'est-à-dire

102

d'ouvrir la porte de chaque cellule, sans y pénétrer, afin de s'assurer que les détenus s'y trouvent encore, et en vie.

Derrière la porte de la cellule n° 201 de l'aile sud, elle découvre son occupant, Jean, debout face à elle, vêtu d'un simple peignoir et d'un slip.

Lui présentant une fiche de paie qu'il tenait dans sa main gauche, il l'interroge sur la signification du terme « *gratification* ».

Lidia lui explique qu'il s'agit d'une prime exceptionnelle versée par l'employeur et poursuit vers la cellule suivante lorsqu'elle est de nouveau interpellée par Jean. Elle fait un rapide pas en arrière lui disant dans le même temps qu'elle reviendra après l'appel mais elle est subitement attrapée par sa chemise et violemment tirée vers l'intérieur de la cellule.

Sur un mode opératoire déjà éprouvé, Jean passe son bras derrière sa tête et l'étrangle avec sa main droite. Il l'embrasse tout d'abord sur la bouche en lui demandant de se laisser faire. Elle ne parvient pas à crier mais lui donne un coup de genou dans les parties génitales qui lui permet de se dégager partiellement. Alors qu'elle tente de se diriger vers la porte, il la saisit par-derrière et la traîne jusque sur son lit. Là, il essaie de lui baisser son pantalon mais sans succès en raison de la ceinture. En panique, elle cherche en vain son sifflet qui lui permettrait peut-être d'appeler du secours. La retenant fermement sur le lit, il lui dit à nouveau de se laisser faire. Elle ne cesse de se débattre vigoureusement. Dans un sursaut d'énergie elle lui attrape les parties intimes qu'elle serre de toutes ses forces provoquant chez lui un mouvement de recul. Elle en profite pour se relever et lui porter un violent coup de coude puis elle gagne la coursive où elle donne l'alerte.

Lidia n'est pas blessée mais elle sait qu'elle vient d'échapper au pire. Recueillie par ses collègues, elle fond en larmes lorsque retombe la tension paroxystique de l'agression.

Jean est retrouvé en pleurs également. Prostré dans sa cellule, il lâche en boucle : « *Je suis une merde, je suis désolé, je ne sais pas ce qu'il m'a pris.* »

Il est immédiatement conduit au mitard. Devant la commission de discipline qui le condamne à quarante jours de cellule disciplinaire, il indique : « *Je reconnais avoir tenté par l'usage de la force de violer la surveillante lors de l'ouverture de la cellule, en lui appliquant ma main sur la bouche pour l'empêcher de crier. Je suis désolé. Je ne m'explique pas mon comportement.* »

Un rapport de la direction de l'établissement adressé au parquet ainsi qu'à la direction régionale des services pénitentiaires précise que Jean « *paraissant choqué par les actes qu'il avait commis [...] a été placé en surveillance spéciale avec des rondes renforcées.* »

Jean est extrait de la prison pour être placé en garde à vue au commissariat de Cergy-Pontoise.

Il évoque une « *pulsion* » et reconnaît clairement que son « *intention était de lui faire l'amour, qu'elle soit consentante ou pas.* » Il ajoute que s'il n'avait pas pu lui retirer son pantalon, c'est parce qu'elle se débattait.

Sans surprise, Jean est mis en examen pour tentative de viol en récidive et transféré au centre pénitentiaire de Fresnes dans le département du Val-de-Marne.

Il est désormais inscrit au répertoire des détenus particulièrement signalés et risque pour ces faits une peine de trente années de réclusion criminelle.

Face au juge d'instruction qui l'interroge quelques mois plus tard, il modifie ses déclarations initiales pourtant concordantes avec celles de Lidia. Il conteste l'avoir étranglée et nie lui avoir enjoint de se laisser faire. Il affirme n'avoir jamais voulu la violer et indique s'être arrêté de son plein gré après l'avoir embrassée. Confronté à ses propres déclarations devant la police, il explique qu'il n'était pas dans son « *état normal* » alors qu'il se trouvait au quartier disciplinaire où le médecin lui avait administré « *plein de médicaments.* »

Commis d'office par le bâtonnier de l'ordre des avocats pour l'assister, je l'encourage à préciser ses intentions desquelles il ressort une absence de détermination à commettre un acte de pénétration.

En fin de procédure, le magistrat décide de requalifier les faits et de renvoyer Jean devant le tribunal correctionnel pour répondre du délit d'agression sexuelle en récidive. Il n'encourt plus alors qu'une peine de dix années d'emprisonnement.

Dans l'attente de son procès, il est victime d'un guet-apens lors d'un passage aux douches qui conduit l'administration pénitentiaire à le transférer vers un nouvel établissement.

C'est désormais à la maison d'arrêt de La Santé à Paris que je lui rends visite afin de préparer sa défense à l'audience qui s'annonce le 22 mai 2006.

Le contexte ne lui est pas favorable car un évènement bouleverse la France depuis quelques jours. Un délinquant sexuel récidiviste a reconnu avoir violé et tué le petit Mathias retrouvé mort le 7 mai dans une rivière de la Nièvre.

Ce triste fait divers a relancé le débat sur le traitement que la justice réserve à ces récidivistes d'un genre particulier.

De nombreux commentateurs s'accordent à dire que ces délinquants et criminels sexuels devraient faire l'objet d'une « évaluation » afin de déterminer le risque de récidive dont il faut admettre au préalable la part d'inconnu.

Jean a naturellement été examiné par d'éminents psychiatres. Toutefois, l'ultime rapport rendu par un collège d'experts éclaire assez peu sur son psychisme et les ressorts de son passage à l'acte.

Les médecins concluent avec humilité que l'intéressé présente « *une tendance psychopathique et une problématique psycho-sexuelle non élucidée.* » Autrement dit, ils ne parviennent pas à expliquer ce qui génère le comportement de Jean pour lequel ils sont néanmoins en mesure d'exclure toute maladie mentale.

Ils notent que l'intéressé ne présente pas un état dangereux au sens psychiatrique du terme mais que du point de vue

106

criminologique, « *il existe un risque réel de récidive en matière d'infraction sexuelle.* »

Depuis le box, Jean écoute le président du tribunal donner lecture des rapports d'expertise le concernant.

Interrogé sur l'arrêt de son traitement médicamenteux, il indique : « *Je venais de changer de maison d'arrêt. À Osny, je ne voulais pas qu'on m'identifie comme quelqu'un de malade et surtout pas comme un violeur. J'étais même arrivé à me persuader que j'étais guéri. Je me suis trompé.* »

Ces déclarations font la part belle au procureur de la République qui fustige le comportement irresponsable du prévenu qui, selon lui, a délibérément choisi d'interrompre des soins qu'il savait nécessaires au risque de passer encore à l'acte.

Il évoque son passif judiciaire rappelant la multi-réitération de faits graves commis en peu de temps ; ici dans un établissement pénitentiaire où tout laissait penser qu'un tel délit ne pouvait arriver, sur une surveillante de surcroît.

Il insiste sur sa particulière dangerosité. Peu importe selon lui que Jean ne sache pas se saisir du caractère rétributif de la sanction pénale c'est-à-dire qu'il n'intègre pas la sévérité de celle-ci au regard de la gravité de ses agissements.

Sa peine ne doit pas avoir vocation à le faire seulement payer mais surtout à procurer un bénéfice durable et certain à la société.

Il réclame donc au tribunal de le condamner lourdement afin de protéger pour longtemps la communauté des hommes.

*****

Quelle défense fallait-il élaborer au soutien des intérêts de Jean ? Les charges étaient accablantes et le pronostic inquiétant. L'attitude des magistrats trahissait le désespoir auquel ils semblaient avoir succombé. La cause n'était-elle pas perdue d'avance ? Dépourvu d'argument solide et de proposition cohérente, l'avocat lui-même s'interrogeait sur la pertinence de son intervention. Davantage qu'à l'accoutumée il lui importait de conduire son action dans une perspective humaniste.

En de telles circonstances, on observe souvent les défaillances du système judiciaire. L'immunité de robe permet à l'avocat, auxiliaire de justice et non subordonné de cette dernière, d'avancer cette critique comme de fustiger l'attitude d'un tribunal ou d'un procureur au risque de le contrarier.

Le quotidien Le Parisien du 24 mai 2006 relatait que l'auteur de ces lignes avait plaidé ainsi : « *C'est un homme qui agit par pulsion [...] Il pose à lui seul la question de la gestion de ces délinquants et son parcours prouve aussi que la prison seule ne résout rien. Il faut des soins et un suivi. Un simple enfermement comme il en a déjà connu ne résoudra rien.* »

J'évoquais surtout un arsenal judiciaire et carcéral inadapté à une prise en charge rigoureuse et efficace des délinquants sexuels pendant l'exécution de leur peine de prison.

Il fallait cependant croire à la curabilité même lente et tardive de Jean.

Sans tomber dans l'excès, l'accusation avait finement suggéré l'image d'un fauve à l'instinct féroce et imprévisible qu'un long séjour en cage rendrait inévitablement plus docile.

Je brossais pour ma part le tableau d'un volcan endormi voire éteint par la reprise d'un traitement propre à tarir toute effusion de violences.

Cette analogie m'était donnée par Jean lui-même qui avait tenté de décrire ses pulsions aux psychiatres : « *Une pulsion, c'est comme deux plaques tectoniques, plus ça force plus ça peut exploser ; c'est quelque chose à l'intérieur qui monte et que l'on ne peut pas contrôler* » disait-il.

Ce magma de sentiments en fusion qui remonte et jaillit du plus profond de l'être figurait un volcan aux éruptions dévastatrices comme celles du Vésuve ou de l'Etna représentées par les grands maîtres italiens des XVIIIe et XIXe siècles.

La défense, elle, avait plutôt à cœur d'afficher l'apparence calme et sereine d'un Mont Fuji, volcan au faible risque éruptif, tel que dans les célèbres estampes de Katsushika Hokusai.

Jean avait manifesté son intérêt pour la prise d'un traitement médicamenteux anti-androgène afin de diminuer sa libido.

Il partageait finalement avec le tribunal un nouvel espoir de voir inactivées définitivement ses pulsions soudaines et n'était condamné qu'à deux années d'emprisonnement.

Le 26 décembre 2006, la Cour de Versailles saisie d'un appel du parquet portait cette peine à six années.

Par cette sensible aggravation de la sanction, l'accusation atteignait son objectif de mise à l'écart de la société mais pas de mise en sommeil de la problématique de Jean.

Celui-ci était de nouveau condamné en septembre 2007 par le tribunal correctionnel d'Évreux pour des violences sur un personnel médical du centre de détention de Val-de-Reuil dans l'Eure.

Il était transféré et poursuivait son parcours carcéral sous haute sécurité.

*****

Quelques années plus tard…

À l'audience du tribunal correctionnel de Beauvais ce mardi 5 avril 2011, Déborah X., surveillante au centre pénitentiaire de Liancourt dans l'Oise, s'approche de la barre les mains tremblantes et la voix cassée pour y livrer le récit de l'agression dont elle a été victime la semaine passée : « *Pendant l'appel, il m'a demandé de venir en disant que la fixation de sa télé était cassée. Quand je suis repartie, il m'a attrapé. Je l'ai supplié mais il ne me lâchait plus et m'étranglait avec l'avant-bras. Je me suis dit que c'était la fin...* »[19].

---

[19] *Le Parisien*, 6 avril 2011, « *Trois ans pour l'agresseur de la gardienne de prison* ».

Chapitre VIII

L'Oreille coupée

Centre-ville de Pontoise, début d'après-midi du 9 juillet 2012. Le temps est couvert voire pluvieux depuis quelques jours mais les chantiers estivaux vont bon train avant la traditionnelle relâche du mois d'août.

Madame Sathya B. qui n'est pas à son emploi d'agent de service hospitalier en profite pour nettoyer ses couettes à la laverie automatique de la rue de Gisors. Elle met la machine à tourner puis quitte le local. Sa paire de lunettes à la main, elle traverse la rue pour se rendre au centre de bronzage.

Qu'à cela ne tienne, si les rayons du soleil boudent en ce moment la région, elle ira les trouver en cabine.

Parvenue à l'autre bout du passage piéton, elle entend des cris sans en discerner l'exacte provenance. Une fois dépassé le camion qui lui cachait la vue elle aperçoit un homme vêtu d'un bleu de travail et d'un tee-shirt taché d'enduit et de peinture blanche. L'homme de grande taille saigne abondamment de l'oreille gauche laquelle est quasiment décrochée de la tête et se balance d'avant en arrière au gré du vent.

Il crie à un individu prenant la fuite « *Qu'est-ce que je t'ai fait ? Qu'est-ce que je t'ai fait ? »*.

Madame B. remarque que le fuyard tient dans sa main une arme blanche. Elle hésite quelques secondes puis décide courageusement de le suivre. Elle l'observe enlever sa chemise maculée de sang en marchant. Elle appelle la police et le perd de vue non loin de la gare où il est finalement interpellé grâce à ses indications.

Dans ses effets, les policiers retrouvent un cutter et un chèque de particulier d'un montant de cinq mille euros non libellé et non daté.

Placé en garde à vue, Abdellah Y. fait l'objet d'un examen médical qui révèle sur sa personne des traces de strangulation en sus d'ecchymoses et érosions au niveau de ses deux oreilles.

Âgé de trente-deux ans, Abdellah est de nationalité égyptienne. Célibataire sans enfant, arrivé en France en 2000, il séjourne sur le territoire de manière irrégulière. Il n'a aucun antécédent judiciaire et n'a jamais présenté de dossier en préfecture afin de faire régulariser sa situation administrative. Peintre en bâtiment il a développé diverses compétences sur les chantiers où il passe l'essentiel de son temps. Travailleur acharné, il est constamment sollicité pour réaliser de la maçonnerie, la pose de papier peint et de carrelage.

Il dit travailler depuis quatre ans sans être déclaré pour le compte d'un dénommé Nasser B. et avoir pour collègue Kader E., la victime.

Sur les faits, il explique avoir eu une première altercation avec Kader dans la matinée. Celui-ci aurait voulu le déposséder d'un chèque sans ordre qui lui avait été remis en contrepartie de travaux effectués chez un particulier. Kader lui aurait saisi les oreilles afin de le tirer vers le bas et lui porter des coups de genou dans le ventre.

Séparés par un autre collègue les deux ouvriers auraient repris le travail jusqu'en début d'après-midi où serait survenue l'empoignade sanglante.

Les circonstances de cette dernière autant que les motivations d'Abdellah paraissent assez confuses.

Il relate avoir agi « *par vengeance* » car il en avait « *marre de se battre avec lui et de se faire humilier* ». Il précise : « *Je voulais lui faire peur, je ne voulais pas le défigurer, je ne voulais pas le tuer [...]. Je n'ai pas prémédité mon geste de l'oreille [...], c'est tombé sur son oreille parce que c'est la seule chose que j'ai réussi à attraper* ».

Dans le même temps, il indique avoir perpétré son forfait par « *autodéfense* » c'est-à-dire en réaction à l'agression de son collègue décrite initialement.

Pendant ce temps, Kader est hospitalisé et son pronostic vital n'apparaît pas engagé. Il présente aux termes d'un premier rapport d'examen médico-légal « *une section complète de l'oreille gauche suturée en urgence* ». En outre, le médecin décrit une

115

plaie secondaire « *descendant le long de la région cervicale* » selon une trajectoire oblique de haut en bas et d'avant en arrière sur huit centimètres.

Entendu sur son lit d'hôpital, Kader indique avoir été agressé par son collègue alors qu'il venait de descendre un ballon d'eau chaude usagé avec son patron Nasser.

Il confirme l'altercation du matin sur un autre chantier. Spontanément il précise avoir tiré les oreilles d'Abdellah lors de cette bagarre. Les choses sont revenues à la normale avant qu'il ne trouve son agresseur en bas de l'immeuble dans l'après-midi. Là, sans prononcer d'autre mot que « *Meurs !* », Abdellah lui a asséné un coup de cutter au visage.

L'employeur est à son tour auditionné en qualité de témoin. Il déclare avoir voulu embaucher Abdellah pour remplacer temporairement un salarié parti en vacances. Toutefois, Abdellah n'aurait pas, selon lui, produit les documents nécessaires à son embauche et n'aurait donc pas travaillé pour lui. Il dit avoir assisté à la bagarre survenue dans la matinée et avoir séparé les deux hommes mais à la terrasse d'un café. En revanche, s'agissant des faits de l'après-midi, il n'a vu ni le coup ni l'arme alors qu'il se trouvait à proximité…

Abdellah est mis en examen et incarcéré le 11 juillet 2012 pour tentative de meurtre.

Au juge d'instruction qui l'interroge, il précise les déclarations qu'il a faites en garde à vue. Kader a sorti un cutter pour le menacer en premier. À son tour, il a sorti le sien de son sac et « *porté le coup dans la précipitation* ». Il réaffirme n'avoir fait que se défendre et réitère son absence de volonté homicide. Il présente ses oreilles au magistrat pour que celui-ci en constate les lésions et les porte au procès-verbal.

Réentendu sur commission rogatoire puis par le juge, le patron affirme que Kader n'était là qu'en raison du rendez-vous qu'ils s'étaient donnés pour déjeuner. Il ne l'avait pas vu depuis des années. Il ne pouvait donc pas travailler pour lui comme le soutenait Abdellah.

Pour le reste, il maintient que les deux hommes ont eu une altercation sans gravité le matin et qu'il n'a rien vu s'agissant des faits de l'après-midi puisqu'il se trouvait « *penché pour attraper un sceau* ». C'est lorsqu'il a entendu hurler qu'il s'est retourné et a vu « *du sang gicler de la tête de Kader* ».

Ce dernier lui a simplement prêté main-forte de manière amicale pour descendre le ballon de l'immeuble avant leur déjeuner. Abdellah, quant à lui, se trouvait là, « *collé contre le mur, les bras croisés* » alors qu'ils s'apprêtaient à sortir du hall d'entrée. Abdellah se serait adressé à Kader en ces termes : « *Regarde ce que tu m'as fait* » en lui montrant ses oreilles. Les faits se seraient ensuite déroulés dans son dos.

Devant le juge d'instruction, Kader soutient pourtant qu'il travaille au service de Nasser, entrepreneur dans le BTP, depuis environ quatre mois. Il répète sa version des faits et souligne qu'à la fin de l'altercation du matin, Abdellah l'a menacé de mort en lui disant qu'il allait l'égorger. Cet épisode s'est déroulé sur un chantier de peinture proche de la gare de

117

Pontoise et non à la terrasse d'un café. Il conteste avoir proféré des menaces, exhibé un cutter et porté des coups à son collègue. Il admet en revanche l'avoir tiré par les oreilles alors que celui-ci le mordait à la poitrine ; morsure qui démontre si besoin que le mis en cause avait une dent contre lui.

Kader est surtout persuadé que son collègue a voulu sa mort : « *Il est clair qu'il a tenté de me tuer car il aurait pu très bien faire une petite ouverture avec son cutter, mais là il s'est acharné. Il a utilisé le cutter avec toutes ses forces, avec violence.* »

Interrogé plus longuement par le juge d'instruction, Abdellah réaffirme que Kader l'a agressé pour s'emparer de son chèque. Il n'a fait que se défendre lorsque son collègue a sorti son cutter et commencé à lui donner des coups sur la poitrine.

À ce stade, l'affaire paraît encore bien embrouillée. Devant autant de contradictions et d'imprécisions, le magistrat prend l'initiative de réunir à son cabinet les deux ouvriers du bâtiment et leur « présumé » patron afin de confronter leurs versions.

Aux questions qui lui sont posées, Nasser finit par reconnaître qu'il employait bien Kader et dit ne plus se souvenir d'avoir rencontré ses deux employés à la terrasse d'un café. Plus intéressant encore, il n'a pas entendu Abdellah prononcer le mot « *Meurs !* »

Kader, lui, accable Abdellah tout d'abord en soulignant que celui-ci l'avait menacé de mort dès le matin en ces termes : « *je vais te tuer, je vais t'égorger* » puis en exposant qu'il avait agi « *avec force et détermination* » mais surtout avec « *préméditation* » puisqu'il l'attendait en bas de l'immeuble en dissimulant son cutter.

En ce qui le concerne, Abdellah réitère s'être trouvé en état de légitime défense.

Cependant, il déclare tout à la fois avoir porté le coup de cutter parce qu'il se sentait acculé dans un coin par Kader et avoir porté ce même coup de cutter lorsqu'il reculait vers la rue pour prendre la fuite.

Finalement, les trois hommes ne s'entendent que pour reconnaître que les peintres sont toujours équipés d'un cutter et qu'il est courant dans le bâtiment qu'un client règle avec un chèque sans nom du bénéficiaire afin d'en permettre l'encaissement sur le compte d'un tiers.

Nonobstant ces auditions, interrogatoires et confrontation, les circonstances de cette attaque au cutter demeurent à tel point obscures que le juge décide d'organiser une reconstitution des faits sur place.

Réalisée le 7 juin 2013 cette mesure allait mettre davantage en doute la version soutenue par Abdellah et compromettre définitivement son espoir d'être innocenté.

En effet, le médecin légiste présent lors de ces opérations de restitution et de mise en scène avance que « *l'importance des*

119

lésions suggère une certaine intensité du coup porté. » Surtout, il expose que la version de la partie civile qui évoque un coup porté de haut en bas contournant l'oreille par-derrière et se prolongeant sur la partie postérieure de la face latérale gauche du cou est compatible avec les constatations médicales. *A contrario*, la version du mis en examen qui mentionne avoir porté le coup de cutter tout en repoussant la partie civile est en contradiction avec ces mêmes constatations médicales.

À l'issue de cette procédure, Abdellah est mis en accusation devant la cour d'assises « *pour avoir tenté de donner volontairement la mort à Kader E, tentative caractérisée par un commencement d'exécution, en l'espèce un coup de cutter porté de l'oreille gauche de la victime jusqu'à la région cervicale, lequel n'a manqué son effet que par des circonstances indépendantes de la volonté de l'auteur, à savoir l'absence de perforation d'une artère ou organe vital en dépit de la localisation du coup.* »

Le procès s'ouvre le 3 septembre 2015 en l'absence de Kader qui n'avait pourtant pas manqué de charger lourdement son ex-collègue pendant toute l'information judiciaire.

La personnalité de l'accusé surnommé « *le coupeur d'oreille* » par la presse[20] est examinée en détail.

Son intelligence est bonne, sans déficience. Il n'a pas de tendance addictive ni de propension habituelle au passage à l'acte. L'examen psychiatrique ne relève aucune anomalie. L'expert expose qu'il a agi « *dans le cadre d'un conflit de travail, confronté à une situation de stress* » et que « *les faits reprochés, s'ils sont avérés, paraissent manifestement conjoncturels.* »

L'enquêtrice de personnalité relate à la barre l'historique familial de l'accusé, son parcours scolaire et professionnel, sa vie affective et relationnelle au regard des différents témoignages recueillis. Elle évoque également son rapport aux faits et sa détention. Ainsi, elle décrit à la cour et aux jurés un homme « *ambitieux, calme et respectueux dont l'éducation est basée sur le respect d'autrui.* »

Cette personnalité qui se dessine au fil des dépositions contraste avec l'intention prêtée par l'avocat général à l'accusé.

C'est justement cette recherche de l'intention qui guide les débats de façon récurrente pendant ces deux jours de procès. Qu'a-t-il voulu faire par ce geste singulier ?

---

[20] *Le Parisien*, 5 septembre 2015, F. Naizot ; *L'Écho – Le Régional*, 9 septembre 2015, M. Laffiac.

Questionnés par la présidente de la cour d'assises, les médecins experts sont catégoriques. La plaie n'était pas suffisamment pénétrante pour présenter un caractère vital.

Appelé à la barre, Nasser n'apporte aucun élément nouveau. Il reconnaît tout juste avoir eu recours au travail dissimulé et avoir embauché l'accusé et la victime.

Dans le box, Abdellah maintient sa version sans trop insister sur l'état de légitime défense dans lequel il se serait retrouvé.

Rapidement, la légitime défense soutenue initialement n'apparaît pas comme une stratégie judicieuse mais plutôt comme un pari risqué. Abdellah comprend qu'il pourrait payer très cher cette défense peut-être authentiquement liée aux faits mais trop téméraire au regard des éléments matériels du dossier.

Sa réaction semble disproportionnée au regard de l'attaque dont il se prétend victime. Or, le caractère mesuré et proportionnel de la riposte est posé par la loi comme une condition *sine qua non* de la légitime défense. Surtout, la réalité de cette attaque, à tout le moins celle de l'après-midi, n'est aucunement avérée.

Il paraît nécessaire d'apporter une autre traduction des faits. À mesure de l'avancée de l'audience, les jalons d'une requalification juridique du crime de tentative de meurtre en délit de violences avec arme sont posés un à un.

Il est évidemment beaucoup question des circonstances dans lesquelles a été donné l'unique coup de cutter qui a soigneusement sectionné l'oreille gauche de la victime.

Abdellah se serait-il fait justice à lui-même par application de la loi du talion, œil pour œil, dent pour dent, oreille pour oreille ?

Au terme des débats, la thèse de la défense parvient à gagner l'accusation qui finit par considérer que ces faits doivent s'analyser en violences aggravées et requérir une peine de quatre ans d'emprisonnement dont six mois avec sursis et mise à l'épreuve. L'avocat général souligne dans son réquisitoire que : « *Les débats ont clairement démontré qu'il n'y avait pas tentative de meurtre ; nous sommes dans un niveau de dangerosité totalement différent.* »

*****

Un nouvel habillage juridique des faits n'avait bien sûr pour autre but que de déterminer une autre règle applicable, une autre peine maximale.

Jugé pour tentative de meurtre, Abdellah encourait une peine de trente ans de réclusion criminelle. Jugé pour violences avec arme, il n'encourait plus que cinq d'emprisonnement.

Tout était ici question d'intention. La plaidoirie devait réaliser un focus sur cette oreille découpée duquel se dégagerait l'intention de l'accusé qui n'avait rien de l'« *animus necandi* » c'est-à-dire de la volonté de tuer qu'on lui avait prêtée jusque-là.

Ce gros plan sur l'oreille éludait la fin de course de la lame dans la région du cou qui apparaissait dès lors comme un élément purement fortuit.

La formule « *en dépit de la localisation du coup* » était discutée parce qu'il n'était justement pas raisonnable et possible de ne pas tenir compte du mouvement circulaire effectué par la lame autour du pavillon de l'oreille.

Ensuite, personne n'aurait su contester que l'oreille n'était pas un organe vital. Outre le préjudice moral, le préjudice de la victime était essentiellement esthétique. Kader n'avait subi aucune atteinte fonctionnelle et n'avait pas perdu l'audition. Il est possible comme en l'espèce de ne plus avoir d'oreille et d'entendre parfaitement. Et quand bien même la victime serait sourde ? Certains rétorqueraient plus ou moins adroitement que si Beethoven avait ses deux oreilles bien en place, il n'entendait rien mais n'en avait pas moins composé quelques-unes des œuvres majeures de la musique classique. Certes n'est pas Beethoven qui veut !

Plus sérieusement, à considérer que la victime ait conservé une surdité, cette séquelle de l'agression n'aurait livré aucune indication pertinente et supplémentaire à la recherche de l'intention qui animait Abdellah lors du coup litigieux.

Le choix de l'arme, un cutter à la lame fragile, ainsi que l'unicité du coup constituaient autant d'éléments à décharge selon moi.

De surcroît, la « *certaine intensité du coup* » relevée par le médecin expert ne voulait pas dire grand-chose et ne renseignait en rien sur la force employée.

Tant l'étrangeté que l'originalité de l'acte ne laissaient pas de surprendre et de rappeler l'un des faits divers les plus connus de l'histoire de l'art.

En effet, difficile ici de ne pas se représenter le très célèbre *Autoportrait à l'oreille coupée* de Vincent Van Gogh réalisé à Arles en janvier 1889.

Si j'avais cette image en tête, les jurés l'avaient également.

Après une violente dispute avec Paul Gauguin au cours de laquelle il tentait de le blesser, Van Gogh se coupait l'oreille gauche (à droite dans son autoportrait au miroir) avec une lame de rasoir. Selon certains historiens, c'est Gauguin qui aurait tranché l'oreille du peintre maudit lors de cette altercation. Quoi qu'il en soit, dans les jours qui suivaient, Van Gogh peignait son autoportrait ; le visage légèrement de trois-quarts, la tête coiffée d'un bonnet de fourrure, une pipe au bord des lèvres et l'oreille pansée par un bandage.

D'aucuns auront repéré les similitudes de notre dossier avec cet évènement puisque dans les deux cas, la mutilation est pratiquée sur l'oreille gauche avec un instrument présentant des caractéristiques identiques, une lame fine et tranchante.

Le rapprochement entre notre espèce et cet épisode ne serait pas complet si j'omettais de rappeler que Van Gogh n'avait pas voulu attenter à sa vie ce jour-là. Son suicide survenu le 29 juillet 1890 résulte d'un coup de revolver dans la poitrine. Là encore, le choix des armes revêt une importance particulière pour atteindre l'objectif que l'on s'est fixé ; preuve s'il en est qu'Abdellah n'a pas voulu donner la mort à Kader.

La cour et les jurés suivaient l'avocat général ainsi que mon raisonnement.

Le 4 septembre 2015, Abdellah Y. était reconnu coupable du délit de violences volontaires avec arme et condamné à la peine de trois ans d'emprisonnement. Il quittait sa cellule le soir même pour recouvrer la liberté.

Tableau IX

Le supplicié

Âgé de quinze ans à l'été 2012, Maxime L. connaît une adolescence tourmentée. Il a d'ores et déjà quitté le monde de l'enfance et traverse non sans difficulté les bouleversements de cette étape obligée de l'existence pour devenir adulte.

Ses parents occupés à l'essor de l'entreprise familiale de plomberie sont assez peu disponibles pour recueillir ses états d'âme. Ses deux grandes sœurs aux centres d'intérêt bien éloignés des siens ne l'aident pas davantage à éclaircir les doutes qu'il éprouve à la crainte de mal faire.

Plus jeune, Maxime était un garçon très actif qui ne tenait pas beaucoup en place. Pour canaliser son énergie, il avait pratiqué différents sports dont le judo et l'équitation, les chevaux ayant toujours tenu une place significative dans la famille. Il jouait également du saxophone et du piano. Attiré par la politique, l'histoire et les arts en général, il nouait facilement des contacts avec des personnes plus âgées que lui.

Il se construisait surtout auprès de sa grand-mère paternelle à laquelle il était confié. « *Elle est tout pour moi. C'est ma mère de cœur, sensible, cultivée. Je lui dois tout. Elle m'a transmis des valeurs, elle m'a donné le goût des arts, de l'histoire, de la littérature en un mot de la culture. »*

Maxime est un bon élève, féru de lettres davantage que de chiffres. Scolarisé en classe de seconde dans un lycée du Val-de-Marne, il fait cependant l'objet d'un harcèlement qui le contraint à changer d'établissement. Un léger maniérisme a probablement suscité la moquerie de quelques camarades qui décuplée par l'effet de groupe s'est muée en méchanceté. Stigmatisé puis discriminé à raison de tendances qu'il ne discerne ni n'explore pour le moment, Maxime s'interroge sans parvenir à trouver de réponses.

Sa confusion est renforcée par la malveillance de lycéens qui trouvent utile et malin de l'inscrire sur des sites de rencontre ou encore de répandre son adresse mail sur les réseaux sociaux. Maxime reçoit des centaines de messages dégradants ainsi que de graveleuses propositions. Il doit fermer sa boîte mail pour mettre fin à cette cyber-hostilité et tempérer les angoisses qui l'étreignent.

D'insoutenables migraines et autres manifestations psychosomatiques le conduisent à de multiples hospitalisations. Ses absences répétées en cours le font doucement décrocher d'un milieu scolaire qui ne lui donne pas l'impression de beaucoup le soutenir.

Maxime est à la recherche de sa propre identité affective et sentimentale. À défaut de certitude, il tâtonne dans cette quête intime. Il expérimente quelques flirts avec des filles mais

128

ressent concurremment une attirance non définie pour les garçons. Maxime n'a pas encore la connaissance de son orientation sexuelle et n'a d'ailleurs pas encore perdu sa virginité. Ses instincts profonds ne sont pas nécessairement ses envies. Et pour le moment, il ne s'oblige ni ne s'interdit de suivre les inclinations naturelles qui naissent et grandissent en lui depuis peu.

En l'absence de confident, il se tourne vers internet et la rubrique « rencontres » d'un site d'annonces en tout genre. Le profil d'un dénommé Christopher attire son attention. Sa photographie est plutôt avantageuse. Dans la vingtaine, l'homme se déclare célibataire et ouvertement homosexuel. Il dit être professeur d'anglais à l'université de la Sorbonne et laisse penser qu'il habite encore chez ses parents.

Après quelques échanges épistolaires, les deux internautes se communiquent leurs numéros de téléphone respectifs pour partager de vive voix sur la question de l'homosexualité. Christopher propose à Maxime de vivre l'expérience qui lui révélera ou non sa vraie nature. Si Maxime n'y est pas opposé sur le principe, il prévient néanmoins qu'au-delà de sa curiosité, la condition de son désir devra être remplie.

Rendez-vous est pris pour le 15 juillet au soir. Afin de ne pas éveiller les soupçons de sa grand-mère qui l'héberge, Maxime prétexte une sortie chez une amie demeurant rue Madame dans le sixième arrondissement de Paris. Déposé là par son aïeule, Maxime prend le métro à la station Luxembourg puis le RER C pour descendre en gare de Saint-

Gratien dans le Val-d'Oise où il ne s'est jamais rendu jusqu'alors. Il a suivi scrupuleusement l'itinéraire détaillé que Christopher lui avait envoyé par SMS.

Arrivé à destination aux alentours de vingt-trois heures, Maxime est pris d'une hésitation. Un mauvais pressentiment trouble furtivement sa candeur habituelle. Il envisage de faire demi-tour mais constate qu'il n'y a déjà plus de train pour s'en retourner vers la capitale. Il téléphone donc à Christopher qui le dirige vers son immeuble. Chemin faisant, Maxime tente de faire abstraction des circonstances peu rassurantes de son escapade nocturne et clandestine dans ce lieu inconnu où un homme qu'il ne connaît finalement pas l'attend pour un possible moment inédit.

Voilà que Maxime est désormais devant le hall d'entrée. La porte s'ouvre et Christopher apparaît face à lui pour la première fois. Avec la physionomie de la cinquantaine, un solide embonpoint, une petite taille et des cheveux mi-longs, il ne correspond en rien à la photographie de son profil internet. Stupéfié, Maxime peine à sortir un mot. Il voudrait faire machine arrière mais reste figé par la surprise. Christopher prend les choses en mains et lui donne la direction de son appartement situé au rez-de-chaussée, au fond d'un petit couloir à gauche. Il passe derrière lui et l'invite à rentrer. Maxime enjambe comme il peut le désordre qui jonche le sol derrière la porte puis s'assied à la demande de Christopher dans la pièce principale servant à la fois de salon et de chambre à coucher.

Maxime observe autour de lui. Les volets fermés à chacune des fenêtres ne laissent rien entrevoir de l'extérieur. Le logement rudimentaire est décoré de nombreux posters et figurines à l'effigie des personnages de Disney. Une ribambelle de chats se prélasse ici et là. La télévision est allumée et diffuse un bêtisier affligeant. Une quinzaine de minutes s'est écoulée sans que Maxime ne parvienne à prononcer un mot. Son téléphone portable, serré entre ses mains, est complètement déchargé.

Christopher discerne inévitablement l'intense émotion du jeune homme. Il lui propose un verre de coca que Maxime accepte. Christopher se rend dans la cuisine d'où il revient avec le verre que l'adolescent boit d'une traite pour tenter de se donner une contenance.

Maxime décrira la suite en ces termes aux services de police : « *Après quelques minutes je me suis senti très lourd, je me sentais un peu empâté, et après je sais pas, je me suis endormi. C'était pas vraiment endormi comme un vrai sommeil, c'était comme si on n'avait pas dormi pendant plusieurs jours, enfin je sais pas, c'était bizarre... Après je me souviens j'étais sur le lit, habillé et après il a commencé à me déshabiller. C'est à partir de ce moment-là... que... je faisais des gestes... j'étais tout mou* ».

Maxime n'a aucun souvenir du passage de la chaise au lit. Il parvient à se remémorer certains moments et revoit Christopher, entièrement nu, lui pratiquer une fellation. Il se souvient l'avoir écarté lorsque celui-ci essayait de lui introduire son sexe dans la bouche.

« *À plusieurs reprises il a voulu m'embrasser mais je pliais mes lèvres et je le repoussais. Après il a essayé plusieurs positions en me pénétrant [...]. Donc voilà ça s'est enchaîné, c'étaient des répétitions dans le même style [...]. J'ai crié car j'avais mal [...]. Il y avait des chats qui montaient sur moi et qui se battaient [...]. Il me tenait avec ses bras et j'essayais de lui faire lâcher les bras mais j'ai pas réussi* ».

Maxime reprend ses esprits en milieu d'après-midi. Il se découvre nu, allongé sur le lit. Il se redresse alors, s'assied sur le bord du lit et se couvre d'un drap par pudeur. Maxime n'ose plus bouger. Christopher prend position derrière lui. Maxime décèle que son bourreau, feignant désormais la tendresse par des baisers, s'apprête à parachever sa besogne. Il lui oppose une ferme résistance et le contraint ainsi à l'abandon. Christopher lui propose finalement de boire un thé et de prendre une douche non sans avoir préalablement vidé la baignoire des litières pour chats qui la remplissent.

Échaudé, l'adolescent se garde bien d'absorber quoi que ce soit. Il décampe vers la salle de bains où la porte refuse obstinément de fermer et reste entrouverte malgré plusieurs tentatives. Il se douche à la hâte. Abstraction faite de l'odeur nauséabonde, il lui faut quitter les lieux rapidement pour échapper à ce cauchemar éveillé, et ce d'autant que Christopher a manifesté le fantasme ou plutôt le désir abject de lui uriner dessus dans la baignoire.

Maxime a retrouvé ses affaires sur une chaise. Alors qu'il s'habille, Christopher le photographie avec son téléphone.

Puis Maxime finit par sortir et rejoindre la gare où son agresseur l'accompagne jusqu'au quai.

Stéréotype éculé mais néanmoins avéré, la victime de viol dévorée par la honte et la culpabilité ne se précipite jamais pour déposer plainte laissant du coup croître en elle des troubles psychologiques majeurs.

Maxime n'échappe pas à la règle. Après les avoir révélés à deux amies, à l'un de ses enseignants puis à ses parents, ils dénoncent les faits à la police le 5 janvier 2013.

Il est naturellement trop tard pour procéder sur sa personne à des prélèvements aux fins d'examens toxicologiques.

Pour faire la preuve de ce qu'il relate, Maxime a conservé les messages reçus de Christopher après les faits dont l'un particulièrement salace ne laisse aucun doute sur ce qu'il lui a fait subir.

Il est par ailleurs examiné le 8 janvier 2013 à l'unité médico-judiciaire du centre hospitalier de Créteil. Le médecin légiste consigne dans son rapport l'existence d'une cicatrice ancienne de fissure anale.

Grâce au numéro de téléphone fourni par Maxime, les enquêteurs identifient un individu nommé Nicolas D. qui propose de nombreux objets liés à l'univers Disney sur un site de vente en ligne.

Ils apprennent également que le logement de Saint-Gratien est en réalité celui d'Alexandre Q., l'ex-compagnon de Nicolas. Alexandre est interpellé alors qu'il vient de débarrasser son appartement des affiches et objets Disney dans des sacs-poubelles. L'examen de sa téléphonie démontre qu'il a été en contact avec Nicolas postérieurement à un premier passage des policiers à son domicile.

Il révèle en audition un certain nombre d'informations importantes. Tout d'abord, le suspect voue une passion pour les chats, les parcs d'attractions et le monde de Disney. Ensuite, il éprouve une attirance pour les jeunes hommes qu'il apprécie dominer. Enfin, il se trouve en fuite depuis qu'il se sait recherché mais continue d'occuper par intermittence une maison héritée de sa mère à Colombes dans le département des Hauts-de-Seine.

Nicolas fait l'objet d'un mandat d'amener délivré par le juge d'instruction saisi de la poursuite de l'enquête. Le service de la sûreté départementale est missionné pour le mettre à exécution. Les fonctionnaires de police se transportent une première fois à l'adresse de Colombes où ils trouvent porte close. Inspectant les lieux, ils constatent dans le jardin la présence de boîtes vides d'aliment pour chat… Un voisin leur déclare que le pavillon est occupé par un couple d'homosexuels mais qu'il ne les a pas vus récemment. Les enquêteurs procèdent donc à la géolocalisation du téléphone portable de Nicolas. Certains de sa présence dans la maison, ils reviennent quelques jours plus tard. Leurs sommations demeurant infructueuses, ils forcent plusieurs portes à l'aide d'un bélier avant de trouver l'intéressé et son jeune compagnon reclus à l'étage de la maison.

Nicolas conteste les faits de viol pour lesquels il est mis en examen et incarcéré le 2 mars 2015. Il entame une grève de la faim en détention pour protester de son innocence. Il reconnaît certes avoir menti sur son identité dans l'annonce postée sur le site de rencontre mais uniquement dans le but d'avoir des réponses qu'il n'aurait pas obtenues s'il avait donné son âge réel de cinquante-deux ans… Il a dit qu'il était professeur à la Sorbonne parce que c'était « *plus facile à comprendre* » que de dire qu'il donnait des cours pour adultes à domicile…

Son objectif était selon lui de trouver une personne avec laquelle il pourrait devenir ami, peu importe son âge. Il était convaincu que Maxime était majeur. Il qualifie sa version des faits de « *grotesque* » et soutient qu'il ne s'est rien passé de particulier le soir de leur rencontre. Ils ont longuement discuté en buvant un coca-cola puis se sont couchés chacun de leur côté. Au matin, Maxime l'aurait sollicité pour avoir une relation sexuelle qu'il a refusée en lui disant qu'il était trop jeune pour lui. Maxime était libre de ses mouvements et il en veut pour preuve les photographies où l'adolescent esquisse un léger sourire au moment de se rhabiller.

Lors de la confrontation organisée par le magistrat, les deux protagonistes de ce huis clos maintiennent leur version. Maxime fait observer que le sourire que lui prête Nicolas n'a rien de naturel et témoigne plutôt de son embarras.

Depuis lors, la gêne a changé de camp. Nicolas n'apparaît pas très à l'aise lorsqu'il est sommé de s'expliquer sur d'autres photographies qu'il avait effacées mais que l'expertise technique de la mémoire de son téléphone a permis de retrouver.

Maxime ignorait l'existence de ces photographies prises de lui à son insu. Les tirages en couleur réalisés par l'expert offrent à voir l'obscurité qu'un trait de lumière traverse pour dévoiler le corps dénudé, inconscient ou endormi, de l'adolescent. Allongé sur le dos, la tête en arrière et les bras écartés du corps que sa chemise aux trois quarts descendue retient, Maxime figure un martyre.

À la cour d'assises devant laquelle il est renvoyé pour répondre de l'accusation de viol, Nicolas peine à se justifier sur ces photographies dégradantes autant que sur les messages explicites adressés à Maxime évoquant des pénétrations anales « *comme la dernière fois* ». Il persiste à nier les faits et à faire plaider un improbable acquittement à son conseil.

La presse rapporte la description d'un « *être étrange* » faite à l'audience par des témoins. Un fan de Disney « *déconnecté du réel* » selon certains[21].

---

[21] *Le Parisien*, 18 septembre 2019, F. Naizot.

En partie civile, je m'abstiens volontairement de toute question à l'accusé. Au cours des débats je m'attache à mettre en avant la descente aux enfers de Maxime postérieurement à cette nuit de calvaire du 15 juillet 2012 ; ses idées morbides, ses scarifications, ses troubles du comportement alimentaire, ses phobies et autres angoisses qui l'ont mené à une longue hospitalisation dans un service spécialisé de la Pitié Salpêtrière.

*****

Je poursuivais dans la même veine au moment de plaider et le revendiquais d'ailleurs au nom d'une conception peut-être trop étriquée et rigide de l'intervention de l'avocat de partie civile en cour d'assises.

Cette posture avait bien entendu une raison d'être. Si l'avocat général comme le conseil de la victime jouaient pleinement leur rôle sans empiéter sur les prérogatives de l'autre, la complémentarité qu'ils créeraient serait redoutable pour ne pas dire fatale à une défense qui contestait les faits.

J'ai depuis longtemps posé en principe que l'avocat n'était pas là pour charger l'accusé et faire plaisir à son client qui lui a réglé de forts honoraires. Il est d'abord là pour être efficace.

Il m'appartenait donc de trouver le juste et fragile équilibre, la bonne trajectoire entre deux écueils continuels, celui d'une compassion caricaturale confinant à la sensiblerie et celui du piétinement parfois irrésistible des plates-bandes du parquet.

La sincérité et l'authenticité de Maxime ne semblaient faire aucun doute. Soulignées par les experts, ces deux qualités accréditaient son récit. Elles méritaient donc que s'y attarde la plaidoirie élaborée au soutien de ses intérêts.

Sa vulnérabilité et son isolement étaient ensuite évoqués pour rendre intelligible aux jurés sa manipulation et son incapacité à réagir.

La démonstration du piège qui lui avait été tendu était laissée à l'accusation.

Il fallait toutefois illustrer l'instant précis du face-à-face sur le pas de la porte où Maxime n'avait pas rebroussé chemin malgré le danger évident.

La Méduse du peintre baroque Le Caravage symbolisait mieux que toute autre représentation l'état de sidération de Maxime lors de sa rencontre avec Nicolas. Peint sous des traits masculins, le visage de cette créature mythologique exprime à la fois l'incrédulité et la surprise, réactions fortes que la Méduse inspire elle-même à toute personne qui croise son regard.

Maxime avait déclaré à la barre qu'il avait été « *pétrifié* ». Il aurait pu tout autant dire qu'il avait été médusé, la créature, par l'effet de sa laideur et de ses serpents en guise de cheveux, ayant précisément le pouvoir de transformer quiconque en pierre.

138

Ce que Maxime avait ensuite enduré ne nécessitait pas forcément d'être détaillé dès lors que son supplice pouvait être subtilement suggéré. L'effet n'en était d'ailleurs que plus saisissant.

Cette vision du calvaire subi par Maxime se concevait dans un rapprochement entre les photographies retrouvées par l'expert et la crucifixion de Saint-Pierre par Le Caravage. Maxime comme Saint-Pierre étaient exhibés dans une posture humiliante qui ne pouvait inspirer d'autre sentiment que ceux de la pitié et de l'indignation.

La similitude des images crevait ici les yeux. Un sujet naturaliste qui se voyait infliger une torture extrêmement douloureuse. Un décor à peine visible dépouillé de tous accessoires superflus. Un cadrage resserré, un même clair-obscur opposant un fond sombre au torse éclairé d'un homme allongé tête en bas, le regard perdu vers un drap qui jonche le sol…

Surtout, ce rayon de lumière caractéristique qui pénétrait l'espace selon un axe oblique venant d'en haut depuis la gauche ; ce rayon qui prenait sa source hors du cadre traduisait symboliquement la sacralité de ce que Nicolas avait ôté par la surprise autant que par la contrainte à sa victime.

La démonstration du drame vécu par Maxime était faite.

Le 19 septembre 2019, Nicolas D. était déclaré coupable de viol et condamné à la peine de sept années d'emprisonnement[22]. Malgré ses dénégations, il ne formait pas appel de cette décision.

---

[22] *Le Parisien*, 20 septembre 2019, « *Le quinquagénaire condamné à sept ans de prison après le viol d'un ado* », F.N.

Chapitre X

Un orage d'été

N é à Thonon-les-Bains de parents italiens, ce quadragénaire sympathique éprouve depuis toujours une timidité extrême douchant tout espoir de relation sentimentale stable et épanouie.

Célibataire endurci, Emilio R. a néanmoins entrepris de trouver l'âme sœur sur un site internet. C'est dans ces conditions qu'en mars 2010, il fait la connaissance de Khiara T. dont il tombe amoureux. Malgré la distance qui les sépare, Emilio et Khiara se rencontrent dès qu'ils en ont l'occasion. Au mois d'octobre suivant, ils décident d'unir leurs destins.

En dépit de l'hostilité de ses parents qui refusent d'assister au mariage, celui qui n'a jamais quitté sa Haute Savoie natale fait désormais vie commune à Argenteuil en banlieue parisienne.

Il connaissait la ville comme le berceau des impressionnistes où les grands noms du mouvement pictural s'étaient rassemblés à la fin du dix-neuvième siècle. Avant son départ, il s'était imaginé la vie qui allait avec le célèbre pont, les bords de Seine et les champs de coquelicots peints par Claude Monet.

Ainsi qu'à la Belle Époque, le Savoyard y coulerait une romance ensoleillée et bucolique. Il y décrocherait un travail tranquille à la fabrique et occuperait ses dimanches à des parties de pêches et de canotage.

À rêver cette douceur de vivre surannée, Emilio s'exposait évidemment à une cruelle déconvenue.

Au bleu pur de l'horizon montagnard succéderait rapidement la grisaille du ciel parisien, comme aux eaux pures du Léman, celles plus troubles de la Seine d'aujourd'hui. Quant aux champs de fleurs, ils avaient été bétonnés depuis longtemps.

Emilio en fait le triste constat soulagé toutefois par sa passion amoureuse.

Il forme avec son épouse un couple curieusement assorti qui exemplifie le phénomène d'attirance des contraires.

Divorcée et mère de deux enfants, Khiara est une femme de caractère, énergique et ambitieuse ; une battante qui a surmonté courageusement un cancer.

À l'inverse, Emilio est plutôt discret et réservé ; casanier et bricoleur à ses heures perdues. Ses proches et anciens employeurs le décrivent comme un homme calme et gentil mais également solitaire et parfois déprimé.

Fragile psychologiquement et sans expérience sentimentale, idéalisant le mariage comme un préalable incontournable au bonheur familial et à l'épanouissement personnel, le jeune marié de 43 ans doit batailler contre d'intenses conflits intérieurs.

Conflit de loyauté tout d'abord vis-à-vis de ses parents et de ses sœurs qui lui reprochent sans cesse son départ et le pressent d'accéder à leurs demandes dans le cadre d'un contentieux judiciaire lié à une maison qu'ils possèdent en indivision.

Lutte intime et silencieuse ensuite entre son souhait de paraître comme un homme fort et le constat désenchanté de sa mélancolie. Emilio a reçu une éducation « traditionnelle », celle de l'homme chef et père de la famille. Il comprend qu'il n'est ni l'un ni l'autre dans ce schéma.

L'inertie qui l'envahit agace Khiara qui ne conçoit pas un tel comportement. Les piques fusent alors sans qu'Emilio ne riposte.

C'est à lui qu'il s'en prend quand il tente de mettre fin à ses jours. Il est hospitalisé mais ressort rapidement sans aucun suivi ni soutien. Loin de lui et pourtant livré à lui-même il regagne le domicile conjugal, cette coquette maison de ville dont Khiara est propriétaire.

Le ciel qui s'est assombri est désormais devenu noir et électrique.

Le 7 juillet 2011, une première altercation violente survient au domicile qui laisse déjà craindre le pire. Celui-ci surviendra lors du week-end des 16 et 17 juillet 2011 qui rassemble toutes les composantes des dilemmes de cet homme :

La réception d'une lettre de licenciement tout d'abord qui emporte la fin de sa contribution aux besoins du foyer.

La frustration de se voir imposer de faire chambre à part et d'être relégué dans une pièce exiguë au fond du couloir.

Puis l'incompréhension lorsque son épouse lui réclame le versement d'un loyer pour l'occupation de ce « local » où il se retrouve assigné.

L'humiliation suprême ensuite lorsque Khiara retire son alliance pour lui jeter au visage et lui annonce avoir pris un avocat pour divorcer.

Enfin, le sentiment douloureux de l'abandon et d'un idéal qui se déchire.

Symbole d'un désaveu sans équivoque, le jet de l'alliance le précipite dans un débordement de colère et de rage.

Ce doux dimanche de juillet vers 19 h 30, Emilio pénètre alors dans un tunnel morbide. Il ferme la porte d'entrée de la maison, saisit un couteau dans la cuisine, attrape Khiara par les cheveux, la traîne dans le salon et commence à la frapper.

Celle-ci parvient à s'éloigner vers la porte qui mène à la cour intérieure puis vers le garage et finalement dehors où Emilio la rejoindra. Là, entre les voitures stationnées le long de la rue, à la vue des passants, il lui assène plusieurs dizaines de coups de couteau qui provoqueront sa mort. Emilio s'acharne pendant plusieurs minutes.

L'intention homicide ne fait aucun doute en raison à la fois du nombre de coups et de leur localisation dans des zones vitales du corps.

La scène, d'une violence inouïe, est à ce point insupportable qu'un témoin courageux retire son ceinturon pour frapper le meurtrier afin qu'il lâche prise.

Emilio se relève. Il ne fuit pas. Il demande aux badauds éberlués d'appeler la police et les pompiers. Les policiers trouveront un homme « *hagard* » et « *prostré* » selon leurs propres termes, devant la maison, couvert de sang, le couteau à la main.

Il est interpellé sans résistance et conduit au commissariat de police où sa garde à vue lui est notifiée.

Une avocate commise d'office pour l'assister est informée préalablement du caractère effroyable du meurtre et me sollicite pour intervenir en ses lieu et place.

Emilio m'est présenté deux heures à peine après les faits. Il montre des tremblements et des troubles de l'équilibre. L'intégralité de ses vêtements lui a été enlevée et saisie parmi les pièces à conviction. Il porte une combinaison blanche jetable comme celles qui servent aux peintres en bâtiment. Elle est maculée du sang de Khiara. Il s'assied devant moi. Je me présente puis l'écoute. Il me demande comment va Khiara et je comprends alors qu'il n'a pas encore pris conscience de l'extrême gravité de son geste.

Les auditions ne débuteront que le lendemain en fin de matinée.

En professionnel exigeant et efficace, l'officier de police judiciaire l'amène à se représenter l'issue fatale de son geste non sans avoir judicieusement anticipé son effondrement.

Que pensez-vous qu'il advienne d'une personne à qui l'on donne plus d'une quarantaine de coups de couteau dans l'abdomen ?

Emilio croise nos regards déconfits. « *Elle n'est pas morte. Ne me dites pas qu'elle est décédée ?* » Il se met à pleurer. « *Je veux mourir.* » C'est par ces derniers mots que s'achève son audition.

La garde à vue se poursuit jusqu'à sa mise en examen et son placement en détention provisoire.

Les toxicologues commis par le juge d'instruction retrouvent dans les prélèvements biologiques effectués sur Emilio les molécules présentes dans les antidépresseurs qui lui ont été prescrits. Ces spécialistes mettent en évidence les effets parfois paradoxaux de ces traitements, leur action désinhibitrice ainsi que l'amnésie rétrograde qu'ils peuvent provoquer.

Les experts psychiatres qui l'examinent durant l'information judiciaire retiennent sa pleine et entière responsabilité pénale. Surtout, l'un d'entre eux évoque lors du procès un « *orage émotionnel* » pour traduire son passage à l'acte.

La représentante de l'accusation, quant à elle, a beau jeu de qualifier cet acte de « *monstrueux* », de « *crime abominable* ».

Devant la cour d'assises, Emilio, lui, indique ne plus se souvenir du moment où il a porté les coups mais ne conteste aucunement les avoir donnés.

La presse judiciaire, qui rend compte fidèlement des débats à chaque jour du procès, titre alors sur « *les trous noirs* » d'Emilio[23].

Dans la repentance absolue, il exprime à l'audience un fort sentiment de culpabilité à tel point qu'il dit mériter lui-même la mort… Il prend aussi l'engagement devant ses juges de ne pas faire appel de la lourde peine qui sera prononcée contre lui.

L'avocate générale commence son réquisitoire en comptant lentement jusqu'à 47 pour rappeler le nombre de coups de couteau donnés par l'accusé à sa femme. « *C'est long, je m'en excuse, c'est ma minute de silence* » commente-t-elle aux jurés. Elle livre à ceux-ci son interprétation des rapports particuliers tissés par le couple. Elle explique pourquoi la

---

[23] *L'Écho – Le Régional* ; *Le Parisien*, 7 mai 2014.

victime a souhaité rapidement divorcer en qualifiant Emilio de « *publicité mensongère* ». De manière tout à la fois excessive et infondée, elle s'attaque à la personnalité d'Emilio, « *un homme aussi qui salit Khiara et la décrit comme une salope* » prétend-elle...

Enfin, elle rappelle que selon une étude publiée par les ministères de l'intérieur et des droits des femmes, la violence conjugale a fait 146 morts en 2013 dont 121 femmes et 25 hommes. Elle ajoute : « *Ce drame a durablement marqué les esprits. C'est un crime qui sape les fondements de notre société et qui est pour cela puni de la perpétuité* ».

L'avocate générale réclame à l'encontre d'Emilio une peine de trente ans de réclusion criminelle.

*****

La caricature dressée par l'accusation avait ouvert des brèches inespérées à la défense.

Au moment de plaider pour Emilio, l'objectif n'était plus de lui rendre son humanité. Il l'avait conservée malgré la sauvagerie et la barbarie de son acte.

À la barre, il s'exprimait posément, avec précision et douceur, dans un français parfait à l'accent régional un peu traînant.

La dimension passionnelle de ce meurtre était évidente. Il ne s'agissait pas d'un crime de sang-froid. Ne dit-on pas d'ailleurs que les crimes propres sont le plus souvent commis par des gens sales, sans morale ? Tel n'était pas le cas d'Emilio.

En pareilles circonstances, il importait d'expliciter les conditions du passage à l'acte pour ne pas que celui-ci paraisse dénué de tout sens.

Brosser un orage semblait particulièrement adapté à la réalité du dossier. Un orage, phénomène climatique quelquefois imprévisible, pris ici comme une cause extérieure et irrésistible destinée à édulcorer sa responsabilité.

L'assombrissement du ciel tout d'abord devait être décrit. Les conflits intérieurs également comme autant de vents forts et contraires qui constituaient la tempête. Des vents dévastateurs qui renversent les uns après les autres les remparts de la raison d'un homme.

Dans le ciel qui commençait à gronder, les nuages gris et menaçants occupaient maintenant tout l'espace.

Comme dans les toiles de Maurice De Vlaminck dans sa période post-fauvisme, il fallait que la cour et les jurés se représentent un ciel noir et tourmenté au-dessus d'une rue. Au bord de celle-ci, une succession de maisons de ville ou de village mitoyennes aux façades sinistres.

L'avocat tempêtait à son tour à l'encontre de l'avocate générale. La presse rapportait : « *L'avocat a félicité l'avocate générale pour son engagement dans la cause des femmes battues. « Le militantisme rend parfois aveugle » tempère-t-il aussitôt. « Cela conduit à soutenir des contre-vérités. La caricature, cela me dérange. On n'a pas le droit d'ajouter de l'horreur à l'horreur »*[24]. À ce moment précis, le coup de semonce du défenseur ne faisait plus qu'un avec la colère qu'il dépeignait.

Les épisodes rapprochés de la tentative de suicide et de l'altercation du 7 juillet 2011 constituaient les premiers éclairs qui venaient déchirer un horizon devenu noir et inquiétant.

Le jour des faits, les vents avaient redoublé d'intensité et balayaient tout sur leur passage. L'orage était à son paroxysme. Les coups de tonnerre faisaient tressaillir Emilio désormais perdu dans le tumulte.

Il n'entendait plus rien, plus rien que le vacarme de la pluie mêlée de grêle frappant violemment le sol en grande quantité.

La foudre traversait Emilio pour s'abattre à travers lui sur Khiara.

La décharge électrique provoquée par le passage de la foudre expliquait tant son déchainement de rage que l'amnésie consécutive à celui-ci.

---

[24] *Le Parisien*, 8 mai 2014, « *Le meurtrier aux 47 coups de couteau condamné à vingt ans de réclusion* », F. Naizot.

Enfin, j'exhortais les jurés à redonner un sens à la vie d'Emilio avant que lui-même, dans une dernière prise de parole, réaffirme en pleurs son amour pour Khiara.

Dans les minutes qui suivirent, la cour et les jurés se retiraient au calme de la salle des délibérations. Là, ils réduisaient drastiquement les réquisitions de l'avocate générale pour les ramener à de plus justes proportions.

Le 7 mai 2014, la cour d'assises condamnait Emilio R. à la peine de vingt ans de réclusion criminelle[25].

_____

[25] *Libération*, 7 mai 2014, « *Vingt ans de réclusion pour avoir tué sa femme de 47 coups de couteau* », AFP.

Chapitre XI

La chaise vide

M arie-Christine L. et Gianni D. passent leur jeunesse du côté de Roubaix où ils sont tous les deux nés. C'est également là qu'ils se rencontrent et se découvrent rapidement l'un pour l'autre. Lorsqu'ils se marient en 1987, Marie-Christine, alors âgée de vingt-cinq ans, a prévenu Gianni. Ils n'auront pas d'enfant. Non pas qu'elle n'en souhaite pas, bien au contraire, mais que son médecin l'a diagnostiqué ainsi après divers examens. Une grossesse extra-utérine lui donne d'ailleurs raison quelques mois plus tard.

Déterminé à fonder une famille, le couple ne renonce pas et décide de s'attacher les services d'un spécialiste renommé. Marie-Christine subit une intervention chirurgicale de la dernière chance à Nice où les époux décident de s'établir. Après tout, un changement de cadre et de mode de vie est parfois de nature à débloquer des situations. En la matière, la médecine n'accomplit pas toujours des miracles.

Une nouvelle vie débute donc en Provence qui contraste singulièrement avec celle qu'ils menaient dans le Nord. Les relations qu'ils tissent dans la région leur apprennent que les poncifs sur les Chtis, leur fricadelle, leur tuning, leur bière et leur accent, ont la vie dure. Au fond, n'en avaient-ils pas eux-mêmes sur les gens du sud, leur bouillabaisse, leur pétanque, leur pastis et leur accent ?

Quoi qu'il en soit, ils apprécient cette côte méditerranéenne, ses paysages de massifs montagneux et de végétation sauvage qui ont inspiré tant de grands peintres comme Paul Cézanne, Auguste Renoir et Henri Matisse pour ne citer qu'eux.

Cela ne suffit évidemment pas à faire leur bonheur qui finit toutefois par arriver lorsque Marie-Christine apprend qu'elle est enceinte de jumeaux. La future maman connaît une grossesse difficile qui s'achève au bout de sept mois et demi par la naissance de Mathieu et Raphaël à Cagnes-sur-Mer. Leur petit frère naît trois ans plus tard.

La famille s'installe en 1992 au Luc-en-Provence, commune d'environ dix mille habitants située dans le département du Var, non loin du golfe de Saint-Tropez. Elle acquiert une maison sur les hauteurs de la ville. Gianni trouve un emploi de mécanicien automobile à Fréjus. Marie-Christine, quant à elle, travaille dans la vigne, celle qui donne les meilleurs vins rosés à la très fameuse appellation d'origine protégée « Côtes de Provence ».

Les jumeaux grandissent et se distinguent par leur caractère. À l'école, Mathieu est un élève appliqué alors que son frère est moins studieux. Mathieu est également réservé et timide contrairement à Raphaël plus intrépide. Aux dires de ses amis Kevin et Jean-Philippe, Mathieu est un jeune homme ouvert, équilibré et raisonnable dans tout ce qu'il entreprend. Surtout, il ne supporte pas le conflit préconisant le recours au dialogue lorsque surviennent parfois des tensions entre jeunes.

Fan de rap, Mathieu écrit des paroles de chansons dans lesquelles il dénonce toute forme de violence et s'interroge sur le sens de la vie : « *Le chemin de la vie n'est qu'une phrase, un refrain dans un texte rempli de mots qui ne servent à rien* » chante-t-il avec ses « collègues » comme on dit dans le Midi.

Après un apprentissage effectué en plomberie, Mathieu ne souhaite plus poursuivre dans cette voie. Désormais âgé de dix-huit ans depuis le 17 février 2006, il envisage de devenir caviste et embrasse provisoirement le métier d'ouvrier viticole qu'il connaît bien pour avoir déjà suivi sa mère lors des vendanges. Il ne compte pas ses heures si bien qu'il ne lui reste que très peu de temps pour ses loisirs et ses flirts mais il est heureux comme ça.

Économe, il se rachète un scooter après s'être fait voler le précédent qu'il avait déjà financé seul. Plutôt casanier, il ne s'en sert finalement pas beaucoup. Ce n'est donc pas d'un mauvais œil qu'un samedi soir de novembre ses parents le voient se préparer pour retrouver ses amis Kevin et Jean-Philippe avant de se rendre en boîte de nuit à Cogolin. Généreuse et aimante, sa mère lui donne même un peu d'argent pour qu'il puisse profiter au mieux de sa soirée. Mathieu les salue et rejoint ses amis qui l'attendent dans la voiture de l'un d'eux stationnée non loin de la maison.

Le lendemain matin à six heures Gianni est réveillé par les gendarmes dont la présence autant que la mine blafarde ne laissent rien présager de bon. Mathieu a été tué dans la nuit et le meurtrier présumé est en fuite. En un instant, la vie idyllique de la famille vient de virer au cauchemar.

Présents lors des faits, Kevin et Jean-Philippe racontent le déroulement de leur soirée et la scène effroyable à laquelle ils ont assisté. Après avoir récupéré Mathieu, ils se rendaient en centre-ville pour prendre Wilfried, un ami de Kevin et Jean-Philippe, une simple connaissance pour Mathieu. Parce qu'il était encore un peu trop tôt pour aller en boîte de nuit, les quatre jeunes gens s'installaient dans le salon du petit appartement de la mère de Wilfried. Là, ils plaisantaient et buvaient quelques verres de whisky à l'exception de Kevin qui devait remplir le rôle de chauffeur.

L'ambiance était bonne jusqu'au moment où Mathieu, souhaitant fumer une cigarette, se servait dans un pot à tabac posé sur la table basse autour de laquelle étaient assis les quatre compagnons. Wilfried faisait remarquer à Mathieu son incorrection qui consistait à prendre du tabac dans le pot de sa mère sans en demander la permission. Mathieu expliquait à Wilfried qu'il n'aurait jamais pris cette liberté s'il n'y avait pas été autorisé par sa mère avant qu'elle n'aille se coucher. Wilfried ne semblait guère y croire. Comme Mathieu lui proposait de réveiller sa mère pour en avoir la certitude Wilfried se montrait d'un coup très agressif. Kevin et Jean-Philippe intervenaient pour calmer sa colère totalement disproportionnée eu égard à l'insignifiance de l'incident.

Mathieu affirmait qu'il était dommage de se fâcher pour si peu et redemandait à Wilfried l'autorisation de se servir en tabac. La situation finissait par s'apaiser. Mathieu et Wilfried se charriaient sans méchanceté. La bonne humeur et le rire dominaient de nouveau la soirée.

Aux alentours de minuit, Mathieu invitait ses amis à quitter les lieux pour aller danser. Chacun se levait et enfilait un vêtement. Mathieu, lui, entamait la rédaction d'un message à destination d'une jeune fille sur son téléphone portable. C'est à ce moment-là précisément que Wilfried sortait un couteau Laguiole de sa poche, l'ouvrait et surinait Mathieu à quatre reprises au niveau de l'abdomen et du thorax. Kevin témoignait : « *Il a effectué ce geste sans aucune agressivité apparente. Je dirais presque avec nonchalance, sans manifester ni exprimer la moindre colère. Avant que nous ayons pu esquisser le moindre geste, il a frappé. C'était fulgurant. Nous n'avons pas vu venir le danger ni pu éviter le pire. Wilfried s'est enfui et Jean-Philippe a immédiatement appelé les pompiers* ».

Wilfried se présente finalement à la gendarmerie afin de se constituer prisonnier dans la journée.

Entre-temps, les techniciens en investigations criminelles de Toulon sont dépêchés sur place. Ils procèdent aux prélèvements biologiques ainsi qu'aux relevés des traces et indices en compagnie du médecin légiste. Ils prennent également de nombreuses photographies de la scène de crime.

À la veille des obsèques, cinq jours après le drame, de nombreux racontars sont colportés qui conduisent la famille de Mathieu dont Gianni, « *père courage* », à donner une interview à la presse : « *Les rumeurs les plus folles entourent la mort de mon fils. Nous avons même entendu qu'il avait été tué par Raphaël, son frère jumeau, alors que celui-ci n'était pas à cette soirée. Mon fils n'était pas un voyou ni un désœuvré [...]* ». Le journaliste qui rapporte ces propos conclu son article de cette façon : « *Un peu à l'écart, Raphaël fixe devant lui un improbable horizon. Il semble chercher, dans un autre monde, son frère jumeau parce que déjà, il semble ne plus pouvoir supporter la vue de sa chaise vide...* »[26].

Wilfried reconnaît les faits d'homicide volontaire sans difficulté. Il revient sur la dispute qui a précédé le meurtre et indique qu'il s'est senti agressé et humilié par les propos de Mathieu. Il concède que sa perception des choses était vraisemblablement altérée par sa consommation d'alcool. « *Tout ceci est complètement stupide et nous nous sommes embrouillés pour rien [...]. Tout cela est une histoire de fierté de merde* ».

Au juge d'instruction, il précise : « *Au début, je ne le croyais pas quand il me disait que ma mère l'avait autorisé à se servir [...]. Les autres ricanaient à côté [...]. J'ai commencé à me sentir mal, mal [...]. Mathieu s'est levé et est venu vers moi. C'est là que j'ai fait une grosse bêtise. Je ne comprends pas ce que j'ai fait [...]. Je me suis levé, il y a eu comme une explosion dans ma tête et j'ai vu rouge* ».

---

[26] *Var Matin*, vendredi 10 novembre 2006, « *Mathieu, 18 ans, tué à cause d'une cigarette ?* », J.-J. O.

Entendue par les gendarmes, la mère de Wilfried confirme qu'elle avait accordé à Mathieu l'autorisation de rouler une cigarette avec son tabac. Elle révèle également que son fils avait le « *diable au corps* » depuis un mois environ et qu'il lui arrivait de la frapper à coups de poing.

Kevin et Jean-Philippe sont à nouveau auditionnés. Ils relatent une même version des faits où Mathieu n'a jamais eu le moindre comportement agressif, provocateur ou insultant envers Wilfried. Lors de la reconstitution organisée par le magistrat instructeur, ils affirment que Mathieu avait fait tout son possible pour apaiser le conflit.

Enfin, l'information judiciaire permet d'établir que Wilfried avait déjà eu un violent différend trois mois auparavant avec un jeune homme qu'il avait tenté d'agresser avec un couteau.

En ce qui concerne sa personnalité, les expertises ne mettent en évidence aucune anomalie mentale. Il présente en revanche d'importantes carences affectives dès lors qu'en raison de difficultés familiales et des troubles psychiatriques de sa mère, il était placé en famille d'accueil puis en foyer alors qu'il n'avait que deux ans. Il a accumulé très tôt des démêlés avec la justice qui l'ont mené trois fois en prison. Revenu vivre aux côtés de sa mère pour conjurer sa forte angoisse d'abandon il développait néanmoins des conduites alcooliques qui le rendaient violent.

Lors du procès devant les assises du Var à Draguignan, la presse locale interpelle ses lecteurs sur « *le crime incompréhensible d'un gosse perdu* » évoquant « *un meurtre gratuit* ». Longuement questionné par le président de la cour sur les raisons de son passage à l'acte, Wilfried confesse : « *Je n'ai hélas aucune explication rationnelle à fournir à la famille de Mathieu* »[27].

Le dossier technique réalisé par la cellule d'identification criminelle de Toulon est présenté aux jurés. Sur les photographies, ils peuvent observer à proximité du corps de Mathieu qui repose sur la tomette rouge de la pièce sommairement meublée, une chaise rustique en bois et paille tressée de laquelle le jeune homme semble s'être levé avant d'être mortellement blessé.

D'autres vues rapprochées montrent la table basse du salon recouverte d'une nappe en coton aux couleurs estivales et aux motifs d'olives. En désordre sur celle-ci, un verre renversé, un cendrier plein de mégots écrasés, des paquets de cigarettes vides, quelques pièces, un briquet et deux bouteilles de soda.

À l'issue des débats, la cour et les jurés n'ont pas obtenu davantage d'explications de la part de l'accusé que la famille de Mathieu. L'impression d'un énorme gâchis envahit l'esprit de toute l'assistance.

---

[27] *Var Matin*, jeudi 8 et vendredi 9 janvier 2009.

Avec beaucoup de mérite et d'habileté, le défenseur de Wilfried retrace l'itinéraire d'« *un chien perdu, sans collier, qui a eu un coup de folie* »[28].

*****

Les parents, frères et grands-parents de Mathieu m'avaient confié le soin de les assister dans cette épreuve judiciaire et de faire partager leurs souffrances.

L'auditoire n'échappait pas au récit de l'histoire familiale ainsi qu'à la description de la personnalité de Mathieu.

Parce qu'elle est contre-nature, la perte d'un enfant est un évènement particulièrement traumatisant où se mêlent les sentiments d'incompréhension, de colère et de profonde tristesse.

Davantage que pour d'autres décès il est difficile de s'y résigner et de l'accepter.

Raphaël ne fêterait plus jamais son anniversaire de la même façon. Lui qui occupait la même chambre que son frère à la maison était désormais incapable d'y pénétrer. Son frère cadet

---

[28] *Var Matin*, vendredi 9 janvier 2009.

ne travaillait plus à l'école et devait être suivi par un psychologue. Leur mère, quant à elle, déchirée par le chagrin, au sens propre comme au figuré, déclarait un cancer. Leur père qui gardait pour toujours en mémoire la visite des gendarmes s'était arrêté de vivre au matin de ce 5 novembre 2006.

Une fois plaidés ces différents retentissements, comment exprimer davantage l'absence et la douleur de l'absence ? La tâche était ardue comme pour établir la preuve d'un fait négatif. Le recours à l'image était ici encore particulièrement opportun pour accrocher le jury et faire en sorte qu'il s'identifie aux proches de Mathieu.

L'absence, n'était-ce pas cette chaise vide peinte à Arles par Vincent Van Gogh ? La toile mondialement connue représente une chaise dont la structure en bois clair supporte une assise en paille tissée. Le dossier ajouré est composé de trois barreaux horizontaux. Elle est rigoureusement identique à celle présente aux côtés de Mathieu chez la mère de l'accusé. Au sol, de la tomette rouge brique pareillement à notre scène de crime ; et sur la chaise pas complètement vide, une pipe et le tabac objet de la discorde. Le sujet évoqué par l'artiste autant que sa proximité géographique avec le lieu des faits ne pouvait échapper à personne.

Avec le rappel de ce tableau, le syndrome de la chaise vide était là sous les yeux de tous. Il permettait à chacun de se figurer l'absence cruelle de l'être cher disparu.

Je profitais de cet effet pour décrire de pittoresques et touchantes circonvolutions autour de cet objet pourtant banal du quotidien.

Ainsi, cette chaise vide qui parlait à tous, devenait aussi celle devant laquelle on mettait encore une assiette par habitude autant que par inadvertance le soir à table.

Cette chaise vide, c'était également celle derrière laquelle on passait sans oser la remettre en place comme si le défunt allait revenir s'y asseoir.

Cette chaise vide, c'était enfin celle à côté de laquelle je me trouvais lorsque je plaidais pour signifier que Mathieu pourrait être là, à écouter ce que je disais de lui et du malheur de ses proches.

Le 8 janvier 2009, Wilfried B. était condamné à la peine de dix-huit ans de réclusion criminelle. Il interjetait appel de cette décision. Au terme d'un nouveau procès devant la cour d'assises des Bouches-du-Rhône à Aix-en-Provence il était définitivement condamné le 3 novembre 2009 à la peine de dix-sept années de réclusion criminelle.

Chapitre XII

Une madone

Reflétant les nuances de rouge de son chemisier ou peut-être du soleil couchant, les cheveux noir charbon d'Hemma N. ont capté la lumière intense de cette fin de journée autant que l'ardente attention d'Albert B.

Le regard clair et pénétrant de celui-ci ne la laisse pas indifférente et attise d'emblée sa curiosité. Pour la première fois, Hemma éprouve la brûlante sensation d'exister dans les yeux d'un homme autre que son père, un enseignant chaleureux et bienveillant.

Comme elle lâcherait la bride de ses désirs contraints, elle détache la pince qui retient ses cheveux pour les laisser s'emballer dans l'air et le feu crépusculaire.

À ce moment précis, Hemma et Albert sont un mystère l'un pour l'autre, mystère réciproquement entretenu qui les convainc de s'engager ensemble dans l'inconnu.

Le 13 décembre 1986 à 11 heures et 36 minutes, la belle étudiante de 20 ans et l'électricien de 35 ans comparaissent publiquement devant l'officier d'État civil de la mairie du vingtième arrondissement de Paris où ils déclarent l'un après l'autre, selon la formule consacrée, vouloir se prendre pour époux.

Hemma n'est pas la dernière à penser que la démarche est un peu précipitée mais elle est enceinte. Elle souhaite rassurer sa mère et ce d'autant qu'elle va devoir interrompre sa capacité en droit.

Romuald naît le 27 juillet 1987 à Vernon dans l'Eure. L'année suivante, les époux B. s'installent dans le Vexin, territoire rural situé au Nord-Ouest de l'Île de France. Ils font l'acquisition à Bray-et-Lû d'une grande maison qui deviendra leur domicile conjugal. L'édifice en pierres apparentes et briques rouges fait quasiment face à l'église du village dite de la nativité de la Sainte Vierge.

Hemma reprend une formation de comptabilité afin d'assister son époux qui travaille désormais en qualité d'artisan tous corps d'état. Elle assure également toute la partie administrative des nombreux chantiers que décroche Albert. Le couple ne mène pas grand train pour autant. Il investit dans l'immobilier. Albert se fait malgré tout plaisir en s'offrant une mythique Chevrolet Camaro de 1967, modèle particulièrement prisée des collectionneurs.

La famille s'agrandit en mars 1999 avec la naissance de Mathéo.

Au milieu des années 2000, Albert se signale auprès de la justice pour des faits de travail dissimulé. Pratique très répandue dans le secteur du bâtiment, il aurait embauché une main-d'œuvre étrangère sans titre de travail. Dans le collimateur de l'administration fiscale depuis cette procédure pénale, l'entrepreneur est sommé de fournir des explications sur ses revenus et charges.

C'est à la faveur de ce contrôle qu'Hemma découvre les infidélités de son mari.

Le couple cohabite désormais sous le même toit où chacun occupe un étage. Hemma engage une procédure de divorce à laquelle Albert n'entend manifestement pas participer de crainte vraisemblablement de devoir s'acquitter d'une lourde prestation compensatoire en sus d'un important redressement.

Romuald, quant à lui, est entré dans la vie active et s'est installé au printemps 2011 avec sa compagne Charlotte. À l'adolescence, il a connu ses premiers émois sentimentaux avec Maëlle. Les deux amoureux connaissaient Alban qui lui-même fréquentait alors Charlotte. Avec le temps et la proximité les couples se sont inversés. Alban et Maëlle vivent aujourd'hui ensemble dans le petit village de Chérence à une poignée de kilomètres de Bray-et-Lû. Ils sont parents d'un petit Loris né le 26 février 2011.

Romuald a la nostalgie de sa relation passionnée avec Maëlle et ne cesse de la relancer par des messages explicites qu'il lui adresse sur son téléphone portable. Si celle-ci n'a pas toujours dit non, elle a définitivement tourné la page de cette histoire depuis la naissance de son enfant. Romuald ne semble pas le comprendre et persiste à lui faire des avances inconvenantes. Agacée, Maëlle s'en ouvre à Alban qui intervient fermement mais sans succès auprès de Romuald. Alban se résout alors à montrer les textos tendancieux à Charlotte qui s'empresse d'appeler Romuald pour lui signifier leur rupture.

Romuald écourte un déplacement professionnel et rentre en toute hâte. Il soutient qu'il n'est pas l'auteur de ces messages et qu'il s'agit d'un complot échafaudé par Alban. Au terme d'une discussion houleuse avec Charlotte, il monte dans son coupé Peugeot 406 et fonce à la rencontre d'Alban pour avoir une explication.

Aux alentours de vingt-deux heures, la carcasse de la voiture de Romuald est retrouvée en bordure de la route départementale 37 en direction de Chérence.

Considérablement accidenté, le véhicule repose perpendiculairement à la chaussée sur la rambarde de sécurité en bois qui la sépare d'un talus. Au-delà de celui-ci, à une vingtaine de mètres de la route, dans un champ en léger contrebas clôturé de barbelés, un automobiliste trouve Romuald à l'agonie, allongé sur le dos.

Les sapeurs-pompiers, le SAMU et un hélicoptère de la sécurité civile sont dépêchés sur place mais le jeune homme de vingt-quatre ans décède dans l'heure malgré leur intervention.

Une bouteille de whisky vide est ramassée entre autres choses dans l'épave de la voiture. Un prélèvement sanguin révèle que Romuald était alcoolisé.

La gendarmerie locale en conclut sans autopsie ni expertise à un triste et banal accident de la circulation : « *Au sortir d'un virage accentué sur la gauche, Monsieur Romuald B. perd le contrôle de son véhicule. Il vient percuter le talus sur sa gauche une première fois. Sa voiture se retourne avant de venir heurter une nouvelle fois ce côté de la route en surplomb. Il est expulsé de la voiture sous la violence du choc. Il atterrit à une vingtaine de mètres du lieu d'immobilisation de l'automobile.* »

Hemma et Albert sont informés du décès de leur fils et se rendent à la morgue puis au garage où le véhicule a été remisé.

Ils s'aperçoivent immédiatement que la version de l'accident que les gendarmes ont bien voulu leur servir était matériellement impossible.

En effet, ils constatent que le pare-brise de la Peugeot 406 est certes fissuré mais il est entier et toujours en place. De surcroît, les airbags conducteur et passager se sont déclenchés. De toute évidence, Romuald n'a pas été éjecté du véhicule. Surtout, son cadavre présente un hématome longitudinal au niveau de l'épaule droite laissant supposer qu'il occupait la place du passager avant lors du choc.

Les malheureux parents se voient restituer l'ensemble des effets personnels de leur fils récupérés dans l'auto à l'exception du téléphone portable qui demeure introuvable.

169

Or, il s'agit précisément du téléphone à partir duquel Romuald s'adressait à Maëlle.

L'hypothèse selon laquelle Romuald aurait été seul au moment de l'accident paraît invraisemblable. Compte tenu de la gravité de ses blessures et de l'état du véhicule, Hemma et Albert s'interrogent sur la façon dont il aurait pu s'extraire, sans aide, du siège conducteur, et parcourir à pied une telle distance après avoir franchi, non sans effort, la barrière de sécurité, le talus et la clôture de barbelés.

Leurs demandes d'éclaircissement auprès des forces de l'ordre se heurtent systématiquement au mur de la thèse initiale peu importe son incohérence.

Par la voix de l'avocat qui l'assiste dans le cadre du divorce, Hemma sollicite du procureur de la République la mise en œuvre d'une expertise en accidentologie ainsi que des prélèvements et analyses ADN dans l'habitacle du véhicule et bien entendu sur les airbags.

Ces mesures d'investigations sont ordonnées. Hélas, leurs résultats arriveront trop tard…

Hemma s'enfonce dans une sévère dépression nécessitant un lourd traitement médicamenteux. Elle pleure sans cesse et son chagrin est tel qu'il lui fait perdre ses cheveux par poignées. Elle ne sort plus que pour se rendre au cimetière et ne s'alimente plus. Elle vit désormais les volets fermés dans l'obscurité de son salon. Elle y installe un culte de prières. Albert endure avec constance et résignation les incantations désespérées de son épouse. Comme dans un sanctuaire, Hemma allume quotidiennement des cierges au milieu des photos et vêtements de son fils suspendus dans la pièce.

Point de deuil possible en l'absence de réponse claire au décès de Romuald. À l'insoutenable douleur est venue se mêler l'incompréhension. À force de ressasser les scenarii, elle élabore toutes les théories y compris celle d'un homicide à laquelle Albert finit par souscrire.

Hemma perd la raison. Elle dit à Albert qu'elle entend Romuald gratter et tousser au fond de sa tombe. Convaincue qu'il est encore vivant, elle alerte les pompiers, la mairie et les gendarmes pour que soit exhumé son corps. Elle enregistre les bruits à l'aide d'un magnétophone et les fait écouter à Albert. Quelques jours plus tard, occupé à desceller la sépulture, Albert est surpris par un employé municipal. Convoqué en vue d'un avertissement solennel par l'édile du village, il explique qu'il a agi sur la demande de sa femme afin de vérifier la présence de Romuald voire d'entrer en contact avec lui.

En ce qui la concerne, Maëlle n'a pas tourné le dos aux époux B. qu'elle connaît depuis sa plus tendre enfance. Bien au contraire, elle tente de soutenir la mère de celui qui fut son premier amour. Mais Hemma en veut à tout le monde et leurs rapports finissent par se tendre.

Le 31 octobre 2011, Alban et Maëlle déposent plainte à la suite de menaces proférées par les époux B. Le jeune couple explique qu'à l'occasion d'une rencontre fortuite dans le village de Bray-et-Lû, les parents de Romuald les auraient menacés de mort. Hemma aurait notamment déclaré à Maëlle qu'elle pouvait « *compter ses jours* » parce qu'elle était « *la prochaine sur la liste et qu'un accident est vite arrivé* ». Convoqués et entendus en gendarmerie, les époux B. nient les menaces mais reconnaissent avoir proféré des insultes. Albert prend soin d'indiquer : « *Je reconnais qu'avec des paroles on va loin. J'ai soixante ans. Je ne ferai jamais une telle chose de tuer quelqu'un.* » Cette procédure fera l'objet d'un classement sans suite.

Le 26 janvier 2012, contre toute attente, Hemma est déboutée de sa demande en divorce malgré les preuves d'adultère fournies au juge aux affaires familiales. Dans cette même décision, le magistrat « *fixe la résidence de la famille au domicile de Madame Hemma B. à l'adresse du logement familial sis à Bray-et-Lû* » et ne craint pas de fixer également la résidence de Mathéo au domicile de la mère qui se trouve donc être aussi celui du père en accordant à ce dernier des droits de visite et d'hébergement…

Hemma se retrouve condamnée à cohabiter avec son époux. Outre la lenteur des investigations diligentées par le parquet autour de la mort de son fils, elle doit maintenant faire face à l'absurdité de la justice. Pourtant, Hemma n'est pas au bout de son calvaire…

Son destin bascule encore le 8 avril 2012. Hasard du calendrier, ce dimanche de printemps coïncide avec le jour de Pâques, date à laquelle les chrétiens commémorent la résurrection de Jésus, autrement dit la victoire de la vie sur la mort. Un évènement tragique vient radicalement contrarier cette symbolique mystique.

De retour à son domicile de Chérence après une longue journée de travail, Alban découvre le corps inanimé de Maëlle.

Allongée sur le dos dans sa chambre mansardée située à l'étage où l'on accède par un escalier en bois particulièrement raide et étroit, la jeune femme de vingt-trois ans baigne dans une mare de sang. Coincé sous elle, son petit Loris de treize mois, indemne, pousse des hurlements.

L'hypothèse criminelle ne fait aucun doute. L'autopsie montre la présence d'une quinzaine de lésions dominée par des traumatismes crâniens et thoraciques. Selon le médecin légiste, ces lésions résulteraient de coups portés par un objet contondant.

Des premières constatations il ressort que les murs de la chambre sont criblés de nombreuses projections de sang. Le lit parapluie de Loris a été brisé et supporte également des marques de sang. Le sac à main de Maëlle qui contient tous ses papiers a disparu.

Ce dernier élément laisse supposer qu'un cambriolage a mal tourné. Or, la porte d'entrée que Maëlle ferme systématiquement à clé ne comporte aucune trace d'effraction. La piste d'un rôdeur ou d'un déséquilibré semble également assez fragile dès lors que Maëlle n'aurait pas ouvert à n'importe qui.

D'abord suspecté, Alban est rapidement mis hors de cause par la simple vérification de sa présence au travail à l'heure estimée du crime. L'emploi du temps de sa compagne est reconstitué par les enquêteurs. Elle a travaillé toute la journée dans le salon d'esthétique « Sourire aux lèvres » dont elle est salariée depuis un mois. Elle y donnait entière satisfaction et n'avait pas de mésentente particulière avec ses collègues. Elle a récupéré Loris au domicile de ses parents avant de rentrer chez elle.

À l'exception de Charlotte qui n'avait pas de mots assez durs pour la qualifier au lendemain du décès de Romuald, Maëlle était appréciée de tous. Auditionnée, Charlotte fournit aux gendarmes un alibi solide qui permet de la disculper et d'écarter l'hypothèse d'une vengeance de sa part.

Décrite comme gentille, jolie et attentionnée, la fraîche mère de famille entretenait d'excellentes relations avec toute sa famille dont ses trois frères. L'acte d'un proche paraît donc peu probable. Par ailleurs, aucune des personnes entendues ne lui connaissait de relation extraconjugale.

Le sac à main, le portefeuille puis divers documents administratifs lui appartenant sont retrouvés par des promeneurs et pêcheurs sur les bords de la rivière l'Epte au niveau de la commune de Fourges située entre Bray-et-Lû et Chérence.

Rompue aux affaires sensibles et complexes, la section de recherches de Versailles saisie par le parquet de Pontoise oriente dès lors ses investigations selon deux axes principaux : les parents de Romuald et les fréquentations d'Alban.

Parmi ces dernières, quelques-unes, marginales ou peu recommandables, pourraient avoir une responsabilité. Alban collabore à l'enquête et ne cache pas qu'il se livre régulièrement à un trafic de stupéfiants. Il achète et revend du cannabis et de la cocaïne à des clients qui connaissent bien son adresse.

Le domicile d'Hemma et Albert fait l'objet d'une minutieuse perquisition au cours de laquelle les techniciens de la gendarmerie vont jusqu'à prélever le liquide contenu dans le siphon du lave-linge aux fins d'analyses ADN. Les époux B sont évidemment questionnés sur le déroulement de leur soirée du 7 au 8 avril 2012. Albert déclare qu'il a dîné chez des amis où il s'est rendu avec le véhicule Renault Clio de sa femme. Hemma affirme de son côté que son époux ne circule qu'avec une petite fourgonnette blanche de marque Peugeot.

Un témoin apprend aux enquêteurs qu'en passant à pied devant le domicile de Maëlle, aux alentours de minuit trente, il a vu un homme muni de gants de nettoyage en caoutchouc rose. Au-delà de cette curiosité, son comportement l'avait interpellé. En effet, il précise qu'après l'avoir salué « *celui-ci n'a pas daigné répondre. Il est resté le dos tourné, le visage quasiment collé à son véhicule utilitaire blanc.* » Enfin, il se souvient que l'une des lettres de la plaque minéralogique du véhicule était W. Or, il s'avère que la fourgonnette d'Albert est immatriculée 324 EXW 95.

Un autre témoin auditionné dans le cadre de l'enquête de voisinage est formel. Il a reconnu Albert au volant de son véhicule professionnel qui circulait tous feux éteints à une centaine de mètres des lieux du crime.

De forts soupçons planent donc désormais sur les parents de Romuald qui sont placés sur écoute pendant plusieurs semaines à défaut d'élément matériel probant et irréfutable. En effet, aucune empreinte papillaire ou ADN ne permet d'identifier l'auteur du meurtre.

Pendant ce temps, Albert réconforte son meilleur ami Rodrigue, le père de Maëlle dont il est inséparable. N'a-t-il pas déjà lui-même éprouvé la peine indicible d'avoir perdu un enfant ? Romuald et Maëlle reposent aujourd'hui dans le même cimetière. Rodrigue, lui, s'y rend difficilement comme « *pour échapper à la réalité* » dit-il.

Hemma se décide à faire ses cartons pour rejoindre leur résidence secondaire en Vendée. Elle vit dorénavant moins dans la souffrance que dans la terreur. Et pour cause… Elle ne peut effacer de sa mémoire le souvenir nébuleux et obscur de cette nuit du 7 au 8 avril 2012. C'est tout ce qu'elle n'a pas dit aux gendarmes pour se protéger de son mari mais qu'ils doivent savoir. Persuadée d'être sur écoute, Hemma se lâche auprès de ses amies et de sa mère qui a elle-même recueilli les confidences d'Albert.

Lorsqu'il est rentré après le dîner, Albert a chaussé des bottes et enfilé des gants en caoutchouc. Il lui a dit qu'il partait à la recherche d'Alban. Plus tard, il l'a réveillée en lui

176

présentant dans la cuisine un sac à main qu'elle reconnaissait comme étant celui de Maëlle. Elle le priait de l'en débarrasser puis retournait se coucher.

Au téléphone le 9 juin 2012 avec un cousin demeurant en Allemagne, Hemma se justifie après avoir évoqué la présence du sac de Maëlle à son domicile : « *Il est capable de me tuer dans mon sommeil. J'ai trop de doute et j'ai vraiment peur de lui. Il m'a répondu que je devenais folle et qu'il fallait que je me soigne. Si je vais raconter ça aux autres, ils vont dire la même chose. Heureusement que j'ai mes médicaments sinon je deviendrais folle pour de vrai. Quand on est un homme, un vrai, on ne touche pas et on ne fait pas de mal à une femme. Si c'est lui, j'espère qu'ils vont l'arrêter et le punir. C'est trop grave. Je ne dors plus. Je ne suis plus sûre de tout ce que je te dis. Personne ne le soupçonne. Ils sont tous aveugles.* »

À sa mère le 15 juin 2012 : « *Ma copine m'a dit de faire attention. Si je l'accuse, il va dire que je suis folle. Ils le croiront. C'est un grand manipulateur. [...] C'est un criminel ! Je passe mes nuits assise sur une chaise de cuisine tellement j'ai peur de lui. Je suis épuisée. Je n'en peux plus.* »

Puis le 21 juin 2012, toujours à sa mère : « *Vas-y et raconte ce que tu sais puisqu'il t'a tout dit. Parce que si c'est moi qui leur raconte l'affaire, ils vont croire que je le charge juste parce que nous sommes en instance de divorce. Mais toi, tu peux puisqu'il est venu te voir en pleurant. [...] Ils ne veulent pas me croire. Ils écoutent bien ce que nous racontons au téléphone mais ils ne font rien.* »

Piqués au vif, les enquêteurs interpellent et placent en garde à vue Albert le 27 juin 2012. Ils réservent d'ailleurs le même sort à Hemma qui apprécie assez peu ce traitement de faveur et ce d'autant qu'ils obtiennent les aveux d'Albert par la lecture des transcriptions d'écoutes et précisément de l'épisode nocturne du sac à main : « *... Je vais vous dire. Depuis la mort de mon fils que j'aimais plus que tout, j'ai pété les plombs... La pression de ma femme. Elle en voulait à la terre entière. Elle me demandait de faire quelque chose, de faire justice. Je ne vivais que pour lui. Je lui ai payé une école privée... J'avais bu ce soir-là, ce n'est pas elle à la base... C'est lui que je voulais faire payer pour la mort de mon fils... Je suis rentré. La porte était fermée mais non verrouillée. Je suis monté. Je l'ai vu elle. Quand elle m'a vu je ne pouvais pas faire autrement... Je l'ai frappée avec un bout de bois. C'était l'alcool.* »

Le 29 juin 2012, Albert est mis en examen et placé en détention provisoire pour assassinat. Hemma est laissée libre sous contrôle judiciaire non sans être également mise en examen pour complicité de destruction de preuve, en l'espèce le sac à main de la victime. Albert aurait assimilé à un ordre de jeter le sac, la demande de sa femme visant à le mettre hors de sa vue.

Le 15 juillet 2012, l'expert en accidentologie remet son rapport qui conclut sans surprise que Romuald n'a pas été éjecté de sa Peugeot 406 laquelle ne présentait par ailleurs aucun défaut particulier. L'hypothèse d'un sabotage est donc exclue. L'analyse des traces de freinage a révélé qu'il circulait à une vitesse de 130 km/h en abordant une courbe sur une portion de route limitée à 90 km/h. Surtout, l'examen du prétensionneur et de la ceinture côté conducteur a montré que ce dernier était correctement attaché au moment du choc. En revanche, le prétensionneur côté passager a dévoilé un déclenchement sans charge c'est-à-dire une absence d'occupant ou la présence d'un occupant non ceinturé. La trace visible sur le corps de Romuald ne pouvait donc être celle de la ceinture. Selon l'expert, Romuald était bien le conducteur. Il était attaché et seul à bord du véhicule.

Hemma fait l'objet d'un examen médico-psychologique ordonné par le juge d'instruction. Le rapport déposé en juillet 2013 éclaire sur le comportement de cette femme qui a vécu l'annonce de la mort de la jeune femme comme « *un choc quasi traumatique* » et qui par un mécanisme de déni psychique « *continue à douter et ne peut concevoir que son mari, le père de ses deux fils, son soutien financier, ait pu réellement commettre de tels actes.* »

Après toutes ces années de vie commune, Hemma et Albert sont encore un mystère l'un pour l'autre.

Lors de la reconstitution des faits destinée à vérifier la version d'Albert, il ne fait peu de doute que celui-ci a prémédité son geste et qu'il s'est acharné sur Maëlle sous les yeux de son bébé.

Déclarée *persona non grata* dans la région, Hemma attend son procès du côté des Sables d'Olonne où elle possède avec Albert une petite maison de vacances.

Cet éloignement forcé est l'occasion pour elle de se ressourcer au bord de la mer avec le fils qui lui reste. Mais le malheur se moque de la géographie…

Dans la nuit du 7 au 8 avril 2014 vers trois heures, date anniversaire de la mort de Maëlle, Hemma est réveillée par Mathéo qui crie « *au feu, au feu !* ». La propriété est entièrement ravagée par les flammes. Hemma et Mathéo parviennent à s'extraire du brasier et sont conduits par les pompiers à l'hôpital pour y être soignés. Outre les fumées toxiques inhalées, Mathéo est sévèrement brûlé à l'abdomen et aux cuisses.

Une enquête est ouverte pour déterminer les causes du sinistre. Un expert établit la présence de traces d'essence auto partiellement évaporées sur le sol. Hemma et Mathéo ont donc fait l'objet d'un incendie volontaire qui aurait pu leur coûter la vie, ce qui était vraisemblablement recherché.

Le procès d'Albert s'ouvre pour une semaine le 15 juin 2015 devant la cour d'assises du Val-d'Oise. Hemma a requis mon assistance pour assurer sa défense. Elle doit s'y expliquer, officiellement sur sa participation à la destruction du sac à main de la victime, preuve du crime commis par l'accusé ; en réalité, davantage sur l'incitation de son mari à commettre l'irréparable.

Se pose en effet à la cour et aux jurés la question de l'interprétation par Albert de ses prières et de ses cris pareillement à une injonction lancinante de « *faire quelque chose* ». Pourquoi son époux lui a-t-il ramené le sac et présenté comme un trophée ? Comment sous l'effet de la douleur et du comportement de sa femme, l'idée de ce meurtre a pu germer dans son esprit ?

L'affaire a fait grand bruit jusque de l'autre côté de l'Atlantique où le New York Times y a consacré un article intitulé « *Murder in a french village* »[29]. Les papiers de presse se succèdent où chaque journaliste y va de son analyse. De nombreux documentaires télévisés dont un numéro de l'émission « *Faites entrer l'accusé* »[30] sont consacrés à ce fait divers ahurissant.

Dans le box, Albert demande pardon. Au bord des larmes, il bredouille : « *La prison ne me fait pas peur. Ma propre personne, je m'en fous. J'ai fait quelque chose de très grave. On peut me pendre. Je pense aux gens proches qui me regardent comme un assassin. C'est dur. Ce n'est pas moi.* »

Au dernier jour du procès, Albert tente illusoirement de faire plaider le coup de folie et l'absence de préméditation.

*****

Comment fallait-il défendre Hemma ? Et après tout, de quoi et de qui fallait-il vraiment la défendre ?

---

[29] *The New-York Times*, 30 juillet 2012, R. Cohen.
[30] « *Albert B : L'obsession de la vengeance* » Saison 18, épisode 3, présenté par F. Lantieri.

Les conseils des parties civiles avaient brossé d'elle le portrait d'une femme maléfique, une sorte de sorcière qui « *jetait des regards noirs et s'était servi de son mari comme d'un bras armé* »[31].

Il convenait bien entendu d'entamer cette image autant que faire se peut.

Parce que nombre d'intervenants aux débats avaient fait d'elle l'incarnation de la peur, il fallait semblablement aux ressorts de la tragédie grecque qu'inspirait ce dossier, verser dans la pitié et la compassion. Nul n'est insensible à la souffrance d'un parent qui a perdu son enfant. Rappeler le décès de Romuald et ses circonstances n'était pas faire offense aux parties civiles. Ces développements de plaidoirie n'avaient pour objectif que de pacifier l'instance et libérer l'auditoire dans un processus cathartique.

Il n'était pas possible de rendre compte de l'état d'esprit d'Hemma sans évoquer les zones d'ombre qui entouraient l'accident de Romuald. Mais cela était encore insuffisant pour révéler les méandres de son âme où rôdait la mort et désormais une conception bien pessimiste de l'humanité. Âgée de bientôt cinquante ans, Hemma avait éprouvé très

---

[31] *Face au Crime*, épisode 1/12 : « *Vengeance sauvage* », documentaire écrit et réalisé par M. Angelosanto, 2016.

intensément de grandes émotions, la passion amoureuse d'abord, la mort, la douleur et l'angoisse ensuite.

En définitive, Hemma synthétisait à elle seule la *Frise de la vie*, série de tableaux du peintre expressionniste norvégien Edvard Munch. Elle était *Le Cri* (1893), *L'Anxiété* (1894) et *Le Désespoir* (1894).

Point besoin de s'appesantir sur ces toiles tant elles sont inscrites dans l'imaginaire collectif.

Sous un même ciel de feu, un clocher d'église noyé au fond du décor, elle était là en habit de deuil, le visage torturé et le teint blafard. À cette barre qui sépare les personnages peints par Munch d'une nature déchirée, qui marque aussi une fragile protection entre une route départementale et un champ, ou encore une délimitation entre la cour d'assises et son public, Hemma faisait face effarée à ses juges.

La rambarde comme ligne de partage objectivait la dualité de son personnage, tantôt ancré dans le réel tantôt en proie à des hallucinations aux contours schizophréniques.

Pourtant explicites ces images n'étaient pas totalement propres à élucider la complexité de notre héroïne.

Hemma était aussi et surtout *La Séparation* (1896), *L'Odeur de la mort* (1895) et *La Madone* (1894-1895) ; une madone semblable à celle de l'artiste, femme fatale, envoûtante et dominatrice. D'origine tunisienne qui se dit à la fois de confession musulmane et catholique, Hemma était la vierge à l'enfant mort, cette femme paradoxale auréolée par Munch

183

d'une couleur rouge sang qui contraste avec ses longs et beaux cheveux noirs.

Hemma ne serait pas relaxée dès lors que les circonstances atténuantes seraient données à Albert puisqu'elle était finalement l'une d'elles…

Le 19 juin 2015, la cour d'assises condamnait Albert à la peine de vingt années de réclusion criminelle pour assassinat et Hemma à celle de deux ans d'emprisonnement avec sursis pour le délit de complicité de destruction de preuve.

TABLES DES MATIÈRES

PRÉFACE   5

Avant-propos   9

Hold-up cartoonesque   13

Les Asservis   25

L'automobile mutilée   45

Fichue bouteille !   59

Un géant   71

La foule   85

Un volcan   99

L'Oreille coupée   113

Le supplicié   127

Un orage d'été   141

La chaise vide   153

Une madone   165

                                         185

La Sirène aux Yeux Verts éditions

Maison d'édition créée par Nathalie Philippe

www.lasireneauxyeuxverts.com

S

9 782382 960103

OVERLAND
BY BUS
LONDON
TO BOMBAY
1966

Elizabeth
Freeman

ISBN: 9798799039103

DEDICATION

Dedicated to my grandchildren,
Amy, Isabelle, Oliver and Eleanor,
and to my son Jason and
 daughter in law Eline, also to my
 Godson James and his wife Ros
and their children Milly and Matilda.

"Let each generation tell its children
Of your mighty acts, let them
proclaim Your power.
I will meditate on your majestic,
glorious splendour and your
wonderful miracles.
Your awe-inspiring deeds will be
on every tongue.
I will proclaim your greatness.
Everyone will share the
story of your wonderful goodness."
Psalm 145 v 4-7